# 선의 언어

선 을    넘 지  않 는   선 한   대 화 법

# 선의
# 언어

손민호

채륜

# 들어가는 말

　독자 여러분의 성숙한 진심을 상대에게 잘 전달할 수 있기를 바란다. '가치 담기'는 당신의 말이 스스로 충일한 가치를 뿜어내게 만든다. 통찰력은 명품 언어인 '아포리즘'으로 빛낼 수 있으며, 이 모든 것을 '청자 중심'의 말하기가 완성해 준다. 이 책의 1장을 펼쳐 보자.

　독자 여러분의 삶에 리듬을 찾기를 바란다. 바이오리듬은 당신의 말에서 스스로 찾을 수 있다. '비유'는 곤란한 상황에서 내 페이스를 찾게 해주는 특효약이다. 이 책의 2장을 펼쳐 보자. 늘어질수록 '리듬과 라임'이 필요하며, 흥겨운 대화에는 '음성 상징어'가 있는 법이다.

　독자 여러분의 삶에 재미를 찾기를 바란다. 당신은 나쁜 놈들에게는 '풍자'로, 안타까운 상황에는 '해학'으로 어떠한 상황에서도 웃는다. 이 책의 3장을 참조하라. 풍자와 해학 그리고 '언어유희'가 사용된 대화와 해설이 도움을 줄 것이다.

　독자 여러분 주변에 항상 사람들이 모이길 바란다. 주변의 미세한 변화를 기민하게 파악하는 센스를 잘 발휘하는 방법은 '역설'적이게도 표현을 정확하게 하는 것이다. 언어뿐만 아니라 '반언어'와 '비언어'의 구체적인 사례들이 4장에 나와 있다.

　독자 여러분의 삶에 실제적 도움이 되길 바란다. 당신은 직장에서 위트 있는 사람이다. 친구들 사이에서 말 한마디로 대화를 주도하는 사람이다. '대조'는 적도 내 편으로 만드는 쉬운 방법이다. 이 책의 5장이다. 남들과는 대조되는, 지독하게 멋진 말하기에는 '반전'이 있으며, 언어에 미니멀리즘을 적용하면 '두문자어'가 된다.

각 장은 실재 대화와 사건을 재구성한 이야기들이 실려 있다. 여기에 대한 해설은 바로 다음 꼭지에서 이어진다. 각 장의 마지막에 '쉼표'는 각 장에 실린 사례들을 긴 이야기로 풀어서 다시 쓴 것이다. 말하기와 글쓰기는 언어 표현이라는 측면에서 동일하다. 다만 구두 언어를 쓰면 말하기이고 문자 언어를 쓰면 글쓰기인 것이다.

이 책은 어느 시간대라도 가볍게 읽을 수 있도록 구성하였다. 출퇴근 시간일 수도, 카페에서 누군가를 기다릴 수도, 집합 교육을 받기 위해 기다리는 시간일 수도 있겠다. 각 장은 독립적 구성이기에 흥미 있어 보이는 부분을 보는 방법도 좋다. 자신의 현재 말하기와, 스스로가 생각하는 이상적인 어른의 말하기의 간극이 생기는 부분을 먼저 찾아보는 방법도 좋다.

책이 좋은 것은 그것을 언제든지 덮어버릴 수도 펼칠 수도 있기 때문이다. 책이라는 매체의 장점을 한껏 살린 책이라 평가하고 싶다.

# 차례

# 1장

## 나잇값 하는 교양인의 문장 만들기

## 가치담기

말이 돈만큼의 가치를 가질 때

## 가치로운 것을 나누는 사람
·····

**우리 회사 직원 A의 인기 비밀**

직장 동료들 사이에서 A는 자주 만나고 싶은 사람으로 통했다. 회의든 회식이든, A가 앉은 자리의 가까이에서부터 사람들이 앉았다. A가 리액션이 좋은 사람이라서 그럴까? A는 오버스럽게 반응하는 사람이 아니었다. 오히려 무반응에 가까울 만큼, A가 하는 리액션이라고는 고개만 끄덕이는 것뿐이었다.

아부성 발언을 하는 것도 아닌데 사람들은 A를 좋아했다. 물론 나도 A가 좋았다. 담배와 커피를 즐겨 해서 입 냄새가 나도 그와 함께 있는 것은 언제나 즐겁고 편했다. 언뜻 듣기에 싫은 소리인 섣부른 조언도 A가 하면 진정성이 느껴졌다. 나를 흠잡기 위해서가 아니라, 진정으로 나를 위해서 하는 말이라고 생각되었다.

A를 잘 모르는 사람들은 도대체 이 사람의 매력이 무엇이길래 이토록 사람들을 끌어당기는 것일까 의문을 갖는다. 나도 처음에는 그랬다. 페로몬 향수 같은 비밀의 약물을 몰래 뿌리나? 그렇지 않다면, 김보성 아저씨처럼 의리가 좋은가? 이런 의문은 얼마 지나지 않아 명확하게 풀렸다. 식당에서, 카페에서, 술집에서 A는 남들보다 '더', '자주' 돈을 썼다.

사람들은 이를 티 내지 않았지만, 분명히 인지하고 있었다. 자본주의 사회의 교환 수단인 돈을, 그것도 수입이 비슷한 직장 동료들에게 많이 쓰는 A는 좋은 사람이 확실했다. 모두가 그것을 인정하고 있었고, 나도 마찬가지였다. 나에게 돈을 쓴다는 것은 나를 가치 있게 여긴다는 뜻이고, 그것은 A가 나에게 가치 있는 사람이라는 뜻이었다.

돈 받기 싫어하는 사람은 없는데, 말 듣기 싫어하는 사람은 정말 많다.

윗글 직장 동료 A의 인기 비밀은 '나'를 포함한 사람들을 가치롭게 대우한다는 것이다. 나는 그렇게 대우 받음의 근거로, A가 나를 위해 돈을 더 쓰고 자주 쓰는 것을 들었다. 가치로운 것을 나에게 베푸니, A는 나에게 고맙고도 좋은 사람이다. 이런 A가 나에게 하는 모든 것은 긍정적으로 해석된다. 그것이 언뜻 들으면 기분 나쁠 수도 있는 잔소리일지라도.

돈을 싫어하는 사람은 없다. 자본주의 사회의 주요 교환 수단인 돈을 나를 위해서 베푸는 사람이 있다면, 그 사람은 당연히 좋은 사람이 된다. 이때 '돈=가치로운 것'이 된다. 윗글의 A는 특별한 매력이 없고, 오히려 지독한 입 냄새가 나는 매력 꽝인 사람이다. 하지만 A는 매력적인 사람이다. 사람들이 소중하게 모으는 돈을, A는 '자주' 그것도 '주변 사람을 위해', '많이' 쓰기 때문이다.

그런데, A가 돈을 많이 쓰는 대신 말을 많이 하는 사람이었다면 어떤 평가를 받을까? 아마도 사람들은 A가 앉는 자리에서 가장 멀리 떨어진 좌석부터 선점하려 애쓸 것이다. 그도 그럴 것이, A의 입에는 커피와 담배가 섞인 지독한 냄새가 나기 때문이다. A는 많은 말을 자주 하기에 나에게 가치 없는 사람이고, 피하고 싶은 사람이 된다.

말을 듣는 것을 좋아하는 사람은 드물다. 심지어, 말을 잘 들어주는 사람인 상담사나 정신과 의사는 돈을 받고 말을 들어준다. 우리는 월급을 받으면서 직장 상사의 말을 듣고, 좋은 성적을 받기 위해서 선생님의 말을 듣는다. '말=가치 없는 것=어쩔 수 없이 들어야 하는 것'이다. 만약, 다른 사람들보다 A가 돈은 덜 쓰면서 말을 더 많이 하는 사람이었다면? 우리 회사 최고 민폐 직원으로 불릴 것이다.

## 존경받는 어른의 언행이란
·····

무릇 친척 어른과의 대화란 "직장은 어디 다닌다고 했지?", "결혼

언제 하니?", "아이는 언제 낳니?"의 알고리즘을 맴돈다. 함께 있는 시간이라고 해도 명절날 몇 시간밖에 안 된다. 매번 같은 질문을 받는 느낌이다. 질문 때마다 성실하게 대답하고 있으면, 막상 그들은 내 대답을 제대로 듣지 않는다. 휴대폰을 만지작거리는 그들을 보며, '진짜 궁금하긴 한 걸까?'라는 생각이 든다.

나의 직장을 묻는 친척 어른의 질문에, 중소기업이라고 대답을 한다. 이어지는 것은 대기업에 다니는 자신의 자식 자랑이다. 해외 연수를 무료로 다녀와서 그 나라 기념품을 사 왔다는 이야기까지 들어야 한다. 결혼은 언제 하냐는 질문에, 2년 뒤쯤에 하고 싶다고 대답을 한다. 그러면 자신이 최근에 구매한 서울의 아파트 값이 몇 억이나 올라서 미안하다는 이야기를 들어야 한다. 요즘 신혼부부들이 한 번에 살 수 있는 서울의 아파트가 없다면서, 빨리 이런 현실이 바뀌어야 결혼을 많이 할 수 있다면서 부동산 정책에 대한 자신의 입장까지 표명한다.

도대체 이런 대화로는 친척 어른 중에 누구를 존경할 수 있을지 의문이 든다. 직장생활을 잘할 수 있는 현명한 경험담이나, 나에게 직접적으로 도움이 될 인맥을 소개해 줄 수 있다고 말을 하는 어른은 왜 없을까? 최소한, 나의 직장생활이 어떠한지는 물어보고 이에 공감해 줄 수 있는 어른은 없을까?

이런저런 곤란한 질문을 받아 곤혹스러워하는 나를 안타깝게 보던 큰이모가 친척 어른들에게 일갈한다.

"아이고, 아저씨 할아버지들 나이가 들수록 입은 닫고 지갑은 열라는 말 못 들어 봤어요? 그게 존경받는 어른입니다."

이모의 말을 들으니, 방금 존경할 만한 어른이 한 명 생긴 기분이다. 큰이모가 어른다운 말을 보여 준 것이다.

### 친구는 감정 쓰레기통이 아닌데

기분이 좋지 않은 일을 겪었다. 이럴 때는 잘 들어주는 친구에게 한껏 고민을 털어놓으면 후련하다. 말하는 입장에서는 '털어놓는다'고 표현하지만, 듣는 친구 입장에서는 '쏟아낸다'는 느낌을 받는다. 나는 말하는 과정에서 문제가 해결되는 느낌을 받고 실제로 해결법을 찾는 경우가 많다. 반면에, 그 친구는? 기분이 좋지 않다. 감정의 쓰레기통이 된 느낌이다. 친구이니까 들어준 것이다. 자신도 언젠가는 그런 상황이 있을 수 있으니 잘 들어준 것이다.

기분이 좋지 않은 일을 또 겪었다. 이번에는 최근에 통화한 친구에게 전화를 걸었다. 그 친구는 조금 까칠하고 많이 비판적이지만, 지금은 그런 것을 생각할 때가 아니다. 빨리 이 불쾌한 감정을 털어놓고 싶은 마음뿐이다. 통화 연결음이 멈추고 친구가 전화를 받는다. 나는 친구에게 고민을 쏟아내려고 한다. 하지만, 친구는 날이 선 말로 단칼에 내 말을 자른다.

"네 고민은 고민도 아니야. 내 말 좀 들어봐. 나도 그런 경우가 있었는데, 나는 말이지 이렇게 했어."

내 고민은 고민도 아니라고? 친구는 내 고민의 가장 큰 문제는 나라고 말한다. 친구는 비슷한 상황에서 유연하고 단호하게 대처한 무용담을 펼쳤다. 끊임없는 자기 자랑을 하면서 나의 고민은 곧 해결될 것이니 쓸데없는 생각하지 말라고 한다. 나는? 기분이 좋지 않다. 자연스레 그 친구와 멀어질 준비를 한다.

무엇보다도 내 고민을 가벼운 것으로 치부한 그 친구는 최근에 나에게 통화로 고민을 한껏 쏟아낸 사람이 아닌가? 그 고민에 담긴 온갖 부정적인 감정을 검은 물감을 흡수하는 스펀지처럼 감내하면서 도움을 줬는데, 그 반대의 상황에서 그 친구의 반응은 실망 그 자체였다.

윗글에서 '나'가 생각하는 대화는 일종의 '빚'이다. 좋지 않은 일을 겪었을 때 말을 잘 들어주는 친구에게 빚을 진 것이다. 그 반대의 경우도 마찬가지이다. 말에 부정적인 가치가 담겨 있는 이야기이다. 최근에 자주 사용되는 말에도 이런 현상을 찾을 수 있다. 틀딱충, 틀니 딱딱거리는 벌레처럼 자기 할 말만 하는 어른들을 비꼬는 은어. 훈장질, 조선 시대 훈장들처럼 매사 비판적으로 지적하는 행동을 비꼬는 은어. 라테는, "나 때는 말이야~"의 문장을 자주 쓰며 자신을 정당화하는 말을 비꼬는 은어.

말과 글에 대한 사람들의 부정적인 인식이 반영된 최근의 은어들이다. 사람들은 자기 말만 하는 어른들을 '틀딱충'이라 부르고 벌레

취급하며, 지나치게 조언하려 드는 사람들을 '훈장질'한다고 말하고 봉건적인 사람으로 보며, 예전의 자신의 모습을 자랑하는 사람들이 자랑하려고 하면 "라떼는 시작한다."라고 말하며 커피에 빗대어 비꼰다.

이런 말들이 흥하는 이유는, 우리는 모두 '아무런 말'과 '아무런 글'에 대한 혐오가 있기 때문이다. 그러기에 우리는 이런 은어를 사용하는 누리꾼들을 언어 습관에 미간을 찌푸리면서도, 내가 한 말이 '틀딱충', '훈장질', '라떼는'에 해당하는지 신경을 쓴다. '아무런 말'을 '씨불이기 위해서'가 아니라 '좋은 말'을 '하기 위해' 노력하고, '아무런 글'이나 '싸지르는 게' 아니라 '깊은 글'을 '쓰기 위해' 신경을 쓴다.

아무 말이나 할 바에야 침묵하는 게 낫다는 것이다. 어른 중에서 가장 인기 있는 사람은 가장 조용한 사람이다. 말 많은 어른들과 달리, 이들은 "그래, 그럴 수 있겠어."와 "어떻게 하는 것이 좋을까?"라는 두 문장만 쓴다. 물론 가장 칭송받고 존경받는 어르신은 가치로운 말을 들려주는 사람이다.

## 마치 돈을 받듯, 말을 들으려 줄 서는 사람들
· · · · ·

**우리 회사 직원 A의 현실적인 인기 비밀**

직장 동료들 사이에서 A는 자주 만나고 싶은 사람으로 통한다. 회의든 회식이든, A가 앉은 자리의 가까이에서부터 사람들이 앉는다. A가 돈을 많이 쓰는 사람이라서 그럴까? A는 다른 사람에 비해서 돈을 많이 쓰는 편이 아니다.

오히려 돈을 적극적으로 아끼는 편에 가까울 만큼, A는 절약하려 노력한다. 그런데도 사람들은 A를 좋아한다. 물론 나도 A가 좋다. 내가 커피를 사는 횟수가 훨씬 더 많지만, A와 함께 있는 것은 언제나 즐겁고 편하다. 다음번에 또 만나고 싶다.

A와 이야기를 나누기 전에는, 왜 사람들이 이렇게까지 주변에 몰려드는지를 이해할 수 없었다. 하지만 이내 나는 A의 인기 비결을 알았다. A는 가치 있는 말을 주변 사람들에게 많이 하는 사람이었다. 뻔하고 입에 발린 말이 아닌, 듣는 사람에게 딱 맞는 칭찬을 자주 했다.

참을성이 좋아 직원들과의 갈등에서 매번 손해를 보는 직원에게는 "자네와 다투는 직원은 안 봐도 악인이야. 난 자네처럼 인품이 좋은 사람을 본 적이 없네."라고 말했다. 헬스클럽을 자주 다니는 직원이 최근에 아기가 생겼을 때는, "아이가 튼튼하겠어. 이렇게 몸도 마음도 건강한 사람이 아빠이니."라고 말했다.

새해 시골집 풍경은 화려하다. 색동옷을 입은 아이들이 어른들 앞에서 줄을 서 있다. 자기 차례는 언제 오는지 궁금해서, 자꾸 고갯짓을 한다. 빨리 어른들을 만나고 싶어서 자리에서 콩콩 뛰기도 하고, 부모에게 보채 핀잔을 듣기도 한다. 아이들은 세뱃돈을 기다리고 있다. 어른들은 파랗고 노란 세뱃돈을 아이들에게 준다. 윗글의 'A'는 세뱃돈 같은 말을 나눠주는 것이다.

정치 팟캐스트 생방송을 듣기 위해 줄을 서는 사람들이 있다. 편하게 휴대폰으로 들어도 되는데도, 굳이 기다리는 시간을 들여가며 언론인의 말을 들으려 애쓴다. 이들은 말한다.

"이 언론인은 너무도 가치 있는 말을 위트 있는 쉬운 말로 표현한다."

"한 번 직접 들으면 계속 직접 듣고 싶다."

'위트 있는' 말, '가치 있는' 말, '깊은 생각을 담은 뻔하지 않은' 말을 싫어하는 사람은 없다. 커뮤니케이션 중심의 사회에서 가치 있는 말을 나를 위해서 베푸는 사람이 있다면, 그 사람은 좋은 사람이다. 이 사람이 하는 말은 가치로운 것이다. '말=가치로운 것=돈'이다.

가치 있는 말을 듣기 싫어하는 사람은 없다. 전문 강연자는 돈을 받고 말을 한다. 좋은 글을 읽기 위해서 독자들은 돈을 내고 책을 산다. 재미있고 깊이 있게 가르치는 강사의 말을 듣기 위해 자는 시간을 줄여가며 인터넷 강의에 집중한다.

# 후배에게 '라테' 없이 말하는 방법
· · · · ·

## 다들 그렇게 생각하나 봐 서른은

직장 후배가 나에게 고민을 토로했다. 나름대로는 열심히 살아서 안정적인 직장도 얻었는데, 서른 살이 되는 지금 허무한 감정이 든다는 것이었다. 지금이라도 퇴사해서 크게 한 건 이루어 대박 인생을 살고 싶다는 생각이 들면서도, 혹시나 망하면 지금까지 노력해서 얻은 안정적인 직업이 날아갈까 두려워 어떻게 해야 할지 모르겠다고 고민을 토로했다.

나는 뭐라도 말해야겠다 싶어서, 입을 떼려다 멈추었다. 뻔하고 진정성 없는 말을 한다면, 후배는 내가 그저 건성으로 던지는 말임을 바로 눈치채고 실망할 것이 분명했다. 자신의 심각한 고민을 가벼이 여긴다고 무시당하는 기분이 들 수도 있을 것이다.

그래서 나는 한참을 생각했다. 내가 할 수 있는 가장 가치로운 말을 해주고 싶었다. 내 대답을 듣는 누구라도 후배를 걱정하는 진심을 느낄 수 있게끔, 나 역시도 후배와 같은 시기를 겪은 사람이었기에 충분히 공감하고 있음을 드러내고 싶었다. 그래서 후배에게 말했다.

"서른이잖아. 서른. 이렇게 살 수도 없고, 이렇게 죽을 수도 없을 때 서른 살이 오지."

위 이야기에서 '나'는 '틀딱충'이 아니기에, '훈수질'을 하지 않으며, '라테는'을 말하지 않는다. '나'는 직장 후배의 상황을 정확하게 이해하고 깊이 있게 공감을 해야 할 수 있는 말을 하고 있다. 서른 살은 그런 것이라는 말을 뻔하지 않게, 반복법과 대구법을 활용해서 뻔하지 않게 표현하고 있다. 아래의 말이 추가로 이어진다면 더 좋겠다.

"내가 처음 한 생각은 아니고, 최승자 시인 〈삼십 세〉에 나온 말이야. 다들 그렇게 생각하나 봐 서른은."

기분이 좋지 않을 때 이런 말을 하는 직장 선배와 대화를 한다면, 후련하고 그 과정에서 문제가 해결되는 느낌을 받을 것이다.

그렇다면, '나'는? 역시 기분이 좋다. 감정의 쓰레기통이 된 느낌이 아니다. 직장 후배의 이야기로 스스로의 과거와 내면을 돌아봤고 이를 백 프로 표현했기 때문이다. 후배의 표정과 반응은 더욱 '나'를 벅차게 한다.

이렇게 가치 있는 언어를 사용하다 보면 '나'를 둘러싸는 사람들이 점점 늘어난다. 모임 때면 내 옆자리가 항상 먼저 채워진다. 좋은 사람들이 점점 늘어난다. 좋은 사람을 만나서 더 좋은 생각을 하게 되고 이를 깊이 있고 위트 있는 말로 표현하다 보니 인생이 좋아진다. 가치 있는 말과 글을 사용하는 사람들의 인생의 선순환 구조이다.

# 말하기와 글쓰기가 돈만큼 가치 있어지는 순간
·····

티브이 프로그램 〈알쓸신잡〉 경주 편의 한 장면이 인터넷에서 크게 화제가 됐었다. 그 이후로도 잊을 만하면, 각종 커뮤니티의 인기 글에 올라 시선을 붙잡는다. 심지어, 회사 교육 자료에서도 왕왕 활용된다. 수년 전 방영된 것임을 고려할 때, 이제는 이 장면은 하나의 밈meme이 되었다.

내용은 이러하다. 음악의 대가이자 진행자인 유희열이 관광 명소마다 관광객이 쓰는 낙서에 대해서 화두를 던진다. 옆에 앉은 정치의 대가인 유시민이 아주 못마땅한 표정을 지으면서, "나는 관광 명소에 사랑의 낙서를 하는 사람들은 도대체 이해할 수 없다."라고 말한다. 자리에 참석한 모두가 지극히 당연한 그 윤리적 판단에 끄덕이는 제스처를 보인다. 하나의 현상을 두고 다양한 분야의 전문가들이 색다른 의견을 내는 프로그램의 취지와 맞지 않게, 계몽적이고 일방향적으로 대화가 흘러간다. 진행자인 유희열은 이 부분을 기민하게 눈치채고, 동성애 코드가 담긴 농담으로 화제를 애써 마무리하려고 한다. '관광 명소의 낙서는 미개한 사람들의 행동'이라는 진부한 결론으로 장면이 마무리되려는 상황이었다.

이때, 김영하 작가가 말한다.

"사랑도 불안정하고 자아도 불안정하잖아요. 불안정하니까 안정돼 보이는 곳에 새기는 거죠. 안정되면 그걸 왜 새기겠어요. 바위처럼 사랑이 단단하면."

작가의 깊이 있고 재치 있는 말이 압권이다. 카메라는 주변 사람의 반응을 클로즈업한다. 모두가 '이 사람은 진짜다!'라는 표정이다.

물론, 관광 명소에 낙서는 하면 안 된다. 김영하 작가는 그런 행동을 한 사람들을 옹호하는 것이 아니라, '왜' 하는지를 말하고 있다. 가치를 담은 말이다. 내가 피디였다면, 해당 장면의 촬영이 끝나고 김영하 작가에게 절 받으라며 바짝 엎드렸을 것이다. 자칫 프로파간다적인 계몽 장면을 단번에 바꾸어 줬기 때문이다.


## 내가 나이 들었을 때, 존경받는 어른이 되려면?
· · · · ·

처음부터 '틀딱충', '훈장질', '라테는'이 되고 싶은 사람은 아무도 없다. 그렇다면 실전 문제. 주변으로부터 존경받는 어른이 되기 위한, 가장 현실적인 방법은 무엇일까?

정답은, "돈을 많이 쓰면서, 가급적 깊이 있고 위트 있는 말을 한다."이다. 그래도 돈 많이 쓰는 게 최고다. 그렇게 할 수 없으니, 돈처럼 가치 있으면서 재미있는 말을 신경 써서 해야 한다는 것이다. 나이 먹을수록 입을 닫고 지갑을 열어야 한다지만, 제한된 수입으로 알뜰하게 살아가는 우리는 쉽지 않은 일이다. 말하기를 '잘'하는 것이 중요하다.

어른에게는 특히 말하기가 중요하다. 사람들은 나이 많은 이들의 인품을 그들이 사용하는 언어를 기준으로 판단한다. 어른의 언어란 가치가 담긴 것이다. 그런 말과 글에는 잘 정리된 생각이 담겨 있다. 재치 있는 표현이 있다. 어른의 언어를 사용하는 사람들은 그들만의 자연스러운 말하기 루틴이 있다.

바로 그 '생각', '표현', '루틴'이, 내가 나이가 들어도, 사람들에게 존경받을 수 있는 가장 현실적인 방법이다. 그리고 이러한 현실적인 방법으로 주변에 가치로운 말을 하는 것은, 돈을 쓰는 것만큼이나 의미가 있다. 돈을 쓰는 것과는 달리 내 수입이 줄어들지도 않는다. 가치로운 말을 주변에 베풀면 베풀수록 샘솟는다.

## 아포리즘

### 돈 없는 직장인이 명품을 얻는 법

**대중가요에서 자꾸 따라 부르게 되는 바로 그 부분**

• • • • •

**남자는 몸 대신 사상을 키워**

고등학교 진학 후, 나는 모든 국어 시험에서 만점을 받았었다. 수능 때도 예외가 없었다. 지금의 내 나이 정도인 담임교사에게 수능 가채점을 제출했을 때, 그는 "넌 100년에 한 번 나오는 수능 국어 천재다."라며 나를 치켜세웠다. 내 이름을 빛낼 기회라고 했다. 그러면서, 대학 배치표에 있는 서울대학교의 가장 낮은 과를 손가락으로 가리켰다.

'수능 역사가 30년이 안 되는데 무슨 소리세요? 그리고 가지도 않을 학과에 원서를 왜 쓰라는 거예요?' 삐딱한 자세로 퉁명스러운 대답을 할 뻔했다. 화가 가득 담긴 목소리로 대거리를 하고 싶었다. 하지만 나는 입을 꽉 다물고 자세를 바로잡았다. 서울대학교 인류학과를 가리키는 담임교사의 팔뚝이 너무 굵었기 때문이었다.

우람한 근육을 힐끗거리는 것은, 같은 수컷으로서 체면이 안 서는 일이었다. 하지만, 자꾸만 내 시선은 담임교사의 팔뚝에 머물렀다. 팔뚝에만 살이 오른 것도 같았다. 서울대학교 인류학과를 가리키며 팔을 굽혔다 폈다 할 때마다, 번갈아 이두근과 삼두근이 울퉁불퉁 리듬을 타고 있었다.

'남자는 몸 대신 사상을 키워♬'

당시 유행하던 대중가요를 마음속으로 몇 번이고 불렀다. 담임교사의 건장한 몸과 대조되게 바짝 마른 나였지만, 그럼에도 스스로는 전혀 꿀리지 않는다고 합리화했다. 에픽하이의 노래 제목 〈평화의 날〉처럼, 나는 그런 식으로 나의 잘난 모습은 지키고 나의 부족한 부분을 애써 외면하며 평화롭게 살았다.

위 이야기에서 고등학생이 '나'는 담임교사에게 불만이 많다. 적성에 맞지도 않는 과를, 학교의 명예를 위해서 진학시키려는 담임교사의 뻔한 노림수를 이미 알고 있다. 무엇보다도, '네 이름을 빛낼 기회'라면서, '100년에 한 번 나오는 수능 국어 천재'라며 나를 꼬드기려는 얄팍한 말들에 화까지 나려 한다.

하지만, 나는 그럴 수 없고, 그렇게 할 생각도 없다. 나의 얇은 팔뚝과 완연히 구분되는 담임교사의 굵은 팔뚝을 봤기 때문이다. 나는 스스로를 잘난 사람이라고 생각하기에, 이처럼 부조리한 상황을 합리화하려 한다. 그래서, 에픽하이의 〈평화의 날〉 가사를 떠올린다. '남자는 몸 대신 사상을 키워' 이 상황에 딱 맞게 떨어지는 아포리즘이다.

대중가요를 듣고 나면, 입으로 웅얼대는 부분이 있다. 음악 구성상 후렴구에 위치하고, 삶의 이치를 간결하게 표현하는 부분이다. 체험을 기반으로 하여 단정적이고 개성적인 어조로 독창적인 진리를 전달하는 그 문장, 바로 아포리즘이다. 명언, 격언, 잠언 등과 같은 말이다.

대화를 하다가 자신도 모르게 터지는 "오... 진짜 멋진 말!", "야. 갑자기 웬일이냐 이런 말도 다 하고?", "와! 역시 말발 최고.", "와. 역시 언어의 마술사다."와 같은 감탄사를 불러일으키는 말이다. 우리 주변에는, 자꾸만 말을 걸고 싶고 함께하는 커피 타임이 즐거운 사람이 있다. 그 사람은 대화에 적절한 아포리즘을 쓰는 사람이다.


## 직장인이 월급보다 비싼 명품을 사는 이유
· · · · ·

**네가 하고 있는 그 명품, 내가 한번 해봐도 돼?**

아침부터 옆자리 김 대리가 이상했다. 대화 중에 자꾸 시계를 보는 것 같았다. '시간'을 보는 것이 아니라 '시계'를 보는 것 같았다. 자신의 새로 산 명품 시계를 반복해서 보는 것이리라.

이 추측은 확실한 것이, 시간이 궁금해서 확인하고 싶은 것이라면 5분마다 시계를 볼 필요는 없지 않은가?

김 대리의 이상한 행동을 옆에서 보고 있자니, 나 또한 이상한 느낌이 들었다. 아무것도 없는 내 손목이 근질근질했다. 사무실 천장 조명 빛에 번쩍이는 김 대리의 메탈 명품 시계를 내 손목에도 올려 보고 싶은 생각이 간절했다. 아, 이러한 이유로 사람들이 명품 시계를 사는 것일까?

"김 대리, 시계 샀어?"

내 질문에 김 대리는 그 질문을 아주 오래전부터 기다린 사람처럼 만족스러운 표정을 지었다. 고개를 크게 끄덕이더니, 시계를 자세히 보여 줬다. 가까이에서 본 시계는 충일한 유려함을 뿜냈다. 김 대리는 감탄하는 나를 보며, 명품 시계 브랜드의 역사에서부터 물 흐르듯 돌아가는 시침과 분침의 원주 운동을 진지한 표정으로 설명했다.

김 대리를 향해, 내가 말했다.

"김 대리, 네가 하고 있는 그 명품, 내가 한번 해봐도 돼?"

김 대리는 기꺼이 시계를 내 손목에 채웠다. 원래 주인의 손목에서 잠시 벗어나 내 손목 위에 잠시 올려놓은 시계는 역시나 영롱했다. 잠시나마 내 가치가 올라간 느낌이 들었다.

직장인들이 명품에 관심을 갖게 되는 특정 시기가 있다. 취업 직후부터 육아 직전까지이다. 남자는 명품 시계에, 여자는 명품 가방에 관심이 집중된다. 여러 달의 월급을 모아서 명품을 구매하는 개미족들이 있는가 하면, 앞으로의 월급을 카드회사에 저당 잡고 여러 달의 할부로 명품을 구매하는 베짱이족도 있다. 구매 방법만 다를 뿐, 소득에 비해 과한 소비라는 점은 동일하다.

과한 소비인 줄 알면서도 명품을 가지려는 사람들은, 그것이 담고 있는 크고 깊은 가치를 누리고 싶어서이다. 명품이 비싸다고는 해도, 수도권의 아파트보다는 비싸지 않다. 여러 달 월급을 모으면 살 수 있는 제품인 것이다. 명품은 기본적으로 양질의 제품이고, 명품샵에서만 살 수 있기에 희소하며, 사람들이 갖길 원하는 아이템이기에 수요가 많다.

그래서, 사람들은 물리적 크기는 작지만 그것이 담고 있는 크고 깊은 가치를 사는 것이다. 물 흐르듯 이어지는 시침의 원주 운동을 보고, 세심한 가죽의 결을 따라 곱게 박음질된 가방을 보는 것이다. 완전히 무관심한 사람이라면 모를까, 누구나 한 번쯤은 눈이 가는 명품인 것이다.

물론, 명품이라고 불리는 가방이나 시계는 사람마다 보는 시각이 다르다. '저런 것까지 사야 해?'라는 사람이 있는 반면, '안목 있는 사람이네.'라는 사람도 있다. 그런데 만약, 같은 가격이라면 명품을 마다할 사람이 있을까? 출처를 알 수 없는 원재료를 값싼 공업용 본드로 붙인 가방과, 수공예 장인이 질 좋은 가죽으로 직접 바느질한 가방의 가격이 같다면 전자를 구매할 사람은 없을 것이다.

명품 언어, 아포리즘은 우리가 같은 노력을 들이고도 우리가 직접 만들어 낼 수 있는 최고의 명품이다.


## 짧은 문장 긴 여운, 명품 언어의 힘이란
#### ● ● ● ● ●

### 네가 방금 한 그 말, 적었다가 써도 돼?

다음 학기 강의에 대한 고민으로 머리가 아팠다. 교육과정상 에세이 쓰기를 가르쳐야 하는데, 도무지 감이 잡히지 않았다. 수업 시간에 수강생 모두가 에세이에 대한 공통된 집단 경험을 느끼면서도, 결과물인 에세이는 제각각이 개인적인 글이 나오게 하고 싶었기 때문이다. 비슷하면서도 제각각인 글쓰기라, 답이 없는 질문을 스스로에게 하고, 답을 찾기 위해 머리를 쥐어짜는 기분이었다.

내가 알고 있는 출판사 편집자에게 도움을 구하기 위해 자리를 만들었다. 그녀는 많은 책을 만들었고 수많은 책을 꿰고 있었다. 나는 그녀에게 방금 나온 커피 한 잔을 내밀며 물었다.

"다음 학기에 에세이를 가르쳐. 공통의 경험을 하면서도 제각각인 글쓰기 결과물을 나오게 하려면 어떻게 하는 게 좋을까?"

내 질문에 그녀는 "사람은 누구나 비슷하면서도 제각각인 이야기가 있어. 바로 가족 이야기. 행복한 가정의 모습은 비슷하지만, 불행한 가정의 모습은 제각각이거든. 가족에 대한 에세이를 가르쳐. 비슷한 집단 경험의 과정에서 독창적인 글쓰기가 나올 거야."라고 말했다.

나는 그녀의 차분한 대답에 당황했다. 행복한 가정의 모습은 비슷하지만, 불행한 가정의 모습은 제각각이라니. 이렇게 간결하면서도 깊고 단단한 여운을 주는 문장을 여태 나는 본 적이 없었다. 나는 그녀에게 며칠은 굶은 강아지처럼 매달리듯 말했다.

"네가 방금 한 그 말, 적었다가 써도 돼?"

그녀는 어깨를 귓불까지 올리는 과장된 제스처를 취하며 말했다. 그 과장된 제스처는, 자신은 영어를 할 줄 모른다는 프랑스의 가게 점원과 비슷했다.

"뭐? 행복한 가정 불행한 가정? 그거 톨스토이가 책 첫 페이지에서 한 말이야. 톨스토이한테 물어보고 써. 킬킬."

다수를 대상으로 하는 강의, 그것도 결과물을 내야 하는 수업에서 모두가 학습 목표 달성의 집단 경험을 체험하면서도 제각각의 가치 있는 글쓰기를 하게 만드는 일은 정말로 어렵다. 에세이를 쓰고 수강생들과 함께 합평을 해야 하는데, 글쓴이 혼자만 공감하는 내용이라면? 이것은 마치 교회에서 부처의 가르침을 이야기하는 것과도 같다. 글을 쓴 수강생과 합평에 참여하는 수강생 모두 공허한 외침만 할 것이다.

그래서, 윗글의 '나'는 복잡한 마음을 출판사 편집자에게 토로한다. 그런데, 독서 경험이 풍부한 그녀는 해결책을 알려준다. 가족에 대한 에세이를 쓰면, 그 문제를 해결할 수 있다는 것이었다. 근거는 톨스토이의 아포리즘이었다. 《안나 카레니나》의 첫 페이지에 나온 문장이었다. 겨우 한 문장이지만, 나는 완전히 설득당했다. 적었다가 써도 되냐는 완전히 감화된 청자로서의 최종적인 피드백을 보인다.

아포리즘은 명품 언어이다. 아포리즘을 가리키는 다른 말이 바로, 명언이다. 명언은 유명인들만이 하는 것이 아니다. 명품과 아포리즘은 공유하는 특성이 많다. 사람들의 부러움을 사고, 그것을 사용하는 사람들은 자부심을 느낀다. 어디에서나 주목받을 수 있으며, 주변에서 흔하게 볼 수 있는 것은 아니다.

하지만, 명품과 아포리즘의 가장 큰 차이점은 아포리즘의 경우 누구나 그러한 것을 할 수 있다는 것이다. 직장인들이 여러 달의 돈을 모아야 살 수 있는 것이 명품이지만, 명품 언어인 아포리즘은 당장이라도 몇 개라도 사용할 수 있다. 한 차원 높은 경지에서 지금의 상황을 꿰뚫어 보는 날카로운 한 문장은 누구나 할 수 있다는 것이다.


## 아포리즘을 멋지게 쓰는 비법, 필사적으로 필사하기
·····

아포리즘은 깊은 삶의 통찰을 담고 있다. 삶에 대한 통찰은, 일상을 낯선 관점에서 볼 때 나온다. 그래서 아포리즘은 우리가 일상에서 쓰는 주어와 서술어 관계를 비트는 경우가 많다. 또한 언뜻 볼 때는 비문인 듯하지만, 삶의 깊은 이치를 담고 있는 역설이 심층적으로 내포된 경우가 많다. 에픽하이의 아포리즘의 경우, "몸을 키운다."는 것은 일상의 문장이지만 "사상을 키운다."는 것은 낯설다. "사상을 배운다."라는 표현이 익숙하기 때문이다. 이 둘을 묶어서, "남자는 몸 대신 사상을 키워."라고 말하면, 삶에 대한 깊은 통찰을 줄 수 있다.

아포리즘은 그 형식이 간결한 문장으로 이루어져 있다. 비슷한 문장 구조를 대칭적으로 반복하는 대구법이 자주 사용된다. 불필요한 수식을 거의 하지 않으며, 난해한 어휘보다는 쉬운 어휘를 사용한다. 톨스토이의 아포리즘의 경우, "행복한 가정의 모습은 어떠하고, 불행한 가정의 모습은 어떠하다."라는 비슷한 문장의 대구를 통해서 간결한 문장을 구성하고 있다.

아포리즘은 이렇듯 내용과 형식적인 특성을 특정 지을 수 있다. 평소 대화에서 자연스러운 아포리즘을 사용하는 사람들은, 책을 볼 때 가슴을 저리는 아포리즘을 옮겨 적는 습관이 있다. 이들은 지인들과 대화를 할 때도, 뇌리에 꽂히는 듯한 아포리즘이 있으면 옮겨 적는다. 이들은 필사적으로 필사한다.

옮겨 적는 것만으로도 내 것이 될 수 있는 명품이 있다. 나아가 나만의 유일한 명품을 만들어 쓸 수도 있다. 그것으로 나의 내적 충실함과 사람들이 하는 나에 대한 평가까지도 한껏 높일 수 있다. 사람에 대한 외적인 첫인상은 그 사람의 외모와 옷차림이 크게 결정한다. 내면의 첫인상은 말이 결정한다.

# 서점에서 과학서와 철학서의 제목을 눈여겨보는 이유

· · · · ·

나는 사람들과의 약속 시간보다 한 시간 일찍 약속 장소에 도착한다. 서점에 들르기 위해서이다. 매번 책을 사는 것은 아니다. 서점의 베스트셀러 코너로 가서 어떤 책들이 많이 팔리고 있는지를 살핀다. 이는 사람들의 관심사를 엿보는 방법이다. 사람들이 돈을 내고 시간까지 투자해서 알고 싶은 그 무엇인가를 잘 풀어낸 책이 베스트셀러로 팔리는 것이다.

1년이 넘도록 베스트셀러 선반을 차지하고 있는 책들을 본다. 《무례한 사람에게 웃으며 대처하는 법》, 《죽고 싶지만 떡볶이는 먹고 싶어》, 《90년생이 온다》 이런 책이 잘 팔리는 것을 보면, 우리 주변에는 무례한 사람이 많으며 이런 사람들에게 위트 있게 대처하는 방법을 찾는 사람들이 많음을 알 수 있다. 우울한 사람들은 일상에서 소소한 행복을 찾으려고 하며, 90년대생은 참으로 독특해서 회사 문화를 바꾸고 있는 것을 알 수 있다.

베스트셀러 코너를 둘러보고 난 후에는 신간 코너로 간다. 과학과 철학 분야 신간의 제목을 훑어본다. 난해하고 깊은 학문의 세계를 다루는 과학서와 철학서들은, 간결하고 통찰력 있는 아포리즘으로 책 제목을 정하는 경우가 많기 때문이다. 나는 거기에서, 《감정은 어떻게 전염되는가》라는 책 제목에 이끌린다.

'전염된다'라는 서술어에 마땅한 주어는 질병이나 바이러스이다. 그런데, 이 과학 서적의 제목은 '감정'을 주어로 사용한다. 감정이 전염된다니. 낯선 문장 구성이지만, 금세 납득이 된다. 즐거운 사람들과 함께 있으면, 즐거움의 감정이 돈다. 부정적인 사람들과 함께 있으면, 기운이 빠진다. 감정은 전염되는 것이 맞다. 나는 결국 이 책을 집어 든다. 최종적이고 완벽한 아포리즘에 반했기 때문이다.

## 아포리즘과 상투적 표현의 차이
· · · · ·

### 우리 사회의 광풍과 관련된 세 가지 이야기

몇십 년 전 군대에서의 가혹행위는 일상적이었고 당연했다. 폭력을 위해 존재하는 집단은 내부 구성원들을 폭력으로 다스렸다. 일상의 폭력에 나 또한 무뎌졌다. 분리수거를 제대로 하지 않았다는 이유로 구타를 당해도, 나는 다음부터는 분리수거를 잘해야겠다는 생각을 했다. 왜 내가 맞아야 하는지에 대해서는 의심하지 않았다. 군 제대 후 예비군 임무까지 모두 마친 후에야, 그것이 그야말로 미친 짓이었다는 것을 알게 되었다.

몇 년 전 가상화폐는 광풍이었다. 인터넷에 익숙한 젊은 세대는 물론이고, 나이가 지긋한 노인들까지도 휴대폰으로 가상화폐를 사고팔았다. 새로운 가상화폐가 공개되는 날에는, 아이를 업은 엄마들까지도 거래소 앞을 새벽부터 진을 치며 기다렸다. 가상화폐의 가격은 멈출 줄 모르고 미친 듯이 올랐고, 단 몇 분 만에 몇 배가 오르는 일이 일상적이었다.

지금은 주식과 부동산이다. 회사에서 비슷한 나이 또래들이 모이면, 주가 이야기로 시작해서 "증권 앱으로 주식을 확인해야겠다."라는 말로 끝난다. 특정 회사의 호재가 있는데 지금 사는 것이 좋다는, 출처를 알 수 없는 흥미로운 정보들에 귀를 기울인다. 나이가 많은 직원들은 부동산을 이야기한다. 서울은 이미 옥황상제의 땅이니, 인천이나 수원을 노리라는 말이 돈다. 몇 개월 사이에 몇 억이 올랐느니 하는 이야기가 확대 재생산된다.

앞으로는 어떤 광풍이 우리의 삶을 지배할지 상상할 수도 없다. 대화를 장악하는 주제는 이렇게 사람들을 길들이는 면이 있다. 사람들의 마음을 쉽게 흩트려 놓는다. 사람의 욕심은 끝이 없다는 말이 떠오른다. 이 말보다 이 세 가지 이야기를 더 잘 설명하는 것이 있을까?

상투적인 표현에 익숙한 사람들은. 위의 세 이야기를 보고 윗글의 마지막 문단처럼 "사람들의 욕심은 끝이 없어."라고 말한다. 그저 그런 대화가 시작된다. 판으로 찍어내듯 뻔한 문장이고 흔한 표현이다. 고리타분하게 느껴지기에 듣는 이에게 어떠한 심리적 반향도 이끌어내지 못한다. 청자는 그런 말을 하는 화자를 자기 생각 없이 말하는 사람이라고 판단한다.

이런 대화는 안정적이다. 화자와 청자 모두 예상 가능한 수준에서 언어의 교환이 이루어진다. 일종의 대화 연극인 셈이다. 수능시험에서 만점을 받은 수험생에게 기자가 질문한다. "어떻게 공부를 해서, 수능시험에서 만점을 받았나요?" 학생은 "수업 열심히 듣고 교과서 위주로 공부했습니다."라고 대답한다. 대답하는 학생에게서 진정성을 느끼는 시청자는 아무도 없을 것이다.

아포리즘은 상투적 표현과는 다르다. 아포리즘은, 그것을 쓰는 사람의 통찰이 담긴 창작물이다. 《감정은 어떻게 전염되는가》를 통해 "감정은 전염된다."라는 아포리즘을 어딘가에 적어두고 익혔던 사람은, 위의 세 이야기를 듣고 자신만의 아포리즘을 만든다. "광기는 전염된다.", "광기는 은밀하게 다가와 상식을 모조리 흩트려 놓는다.", "비합리적인 생각은 사람들에게 광기를 심어준다." 이렇게 만들어진 아포리즘을 활용하면 위의 세 이야기를 한 차원 높은 세계에서 바라볼 수 있다.

"광기는 전염된다. 몇십 년 전 군대에서의 가혹행위가 그랬고, 몇 년 전 가상화폐 시장에서 탐욕이 그랬고, 지금 아파트와 주식에 미친 사람들이 그렇다. '다른 사람들도 했는데 뭐, 아무런 문제가 없었잖아?'라는 한 문장의 비합리적인 생각은 사람들에게 광기를 심어준다. 광기는 은밀하게 다가와 상식을 모조리 흩트려 놓는다."

이런 이야기를 누군가 하고 있다면, 청자는 그 사람을 다시 한번 바라보게 될 것이다. 와! 하는 자연스러운 감탄사가 나오면서 그 사람을 재인식하게 된다.

## 정치인들은 왜 연설문 담당 보좌관을 따로 둘까?
· · · · ·

국회의원은 국민을 대표하는 기관이다. 지역구 의원이나 비례의원이나 민심의 출처는 다르지만, 모두 국민이 권력을 부여해줬다는 점에 그 대표성은 마찬가지이다. 그렇기에 불체포특권이 있는 것이고, 보좌관을 아홉 명이나 둘 수 있는 것이다. 의원마다 보좌관에게 부여하는 임무는 다르지만, 연설문을 담당하는 보좌관을 두는 것이 요즘 경향이다.

특히 말을 잘한다고 평판이 자자한 국회의원들 중심으로 이런 경향이 두드러진다. 연설문을 담당하는 보좌관을 따로 두거나 따로 업무를 배정하는 이유는, 실수를 막고 상황에 딱 맞는 좋은 말을 하기 위해서이다. 국회의원의 자리에서는 제대로 알 수 없는 일반 대중들의 삶을, 두루뭉술한 말로 표현하는 것은 청자인 대중들이 정확하게 알아차린다.

대중교통을 한 번도 이용하지 않았던 국회의원이 "요즘 버스비가 70원 하나?"라고 말했다가 빈축을 산 적이 있다. 이런 국회의원들이 "청년들이여, 희망을 갖고 용기 있게 지금의 상황을 해결해 나갑시다."라고 말한다면, 청자인 청년들을 이 사람이 한 말을 결코 멋지다고 생각하지 않을 것이다.

우리가 정치인이 아무리 멋진 아포리즘을 사용해도, 고개를 끄덕이며 감화되지 않는 이유이다. 자신이 아주 오래전에 겪어서 기억도 안 나는 일이거나, 한 번도 겪어 보지 못한 일들을, 마치 아무것도 아닌 것처럼 말하는 아포리즘은 지금 그 상황에 처해 있는 사람에게는 아무런 의미도 주지 않는다. 반감만 주게 된다.

## 우리가 정치인의 뻔한 말을 좋아하지 않는 것처럼
· · · · ·

언어와 사고는 밀접한 관련을 맺고 있다. 닭이 먼저냐 달걀이 먼저냐의 논쟁처럼, 성인에게 언어가 먼저냐 사고가 먼저냐는 선후 관계를 밝히기 어렵다. 신선한 생각을 하는 사람의 언어는 싱싱하고, 신선한 언어를 쓰는 사람은 창의적이다. 자신의 경험에서 만들어낸 자신만의 언어를 쓰는 사람이 매력적이다. 싱싱한 언어를 쓰는 신선한 사람이기 때문이다.

상투적인 언어를 구사하는 사람과 대화를 하고 있다 보면, 내가 대화를 하는 것이 아니라 인사치레를 주고받고 있다는 생각이 든다. '소통'이 아니라 '교환'하는 느낌이다. 뻔한 말은 입에 발린 말이며 자신의 경험에서 만들어 낸 말이 아니기에, 피상적으로 느껴진다. 우리가 정치인을 좋아하지 않는 이유 중 하나가 바로 뻔한 말을 남발한다는 점이다.

"청년들에게는 희망과 열정이 있기에, 아무리 어려운 환경이라도 이겨 낼 수 있다."라는 정치인의 말은 자신이 직접 경험해 보지 않은 겉치레의 말이다. 버스비가 얼마인지도, 창문이 있는 고시원 방은 40,000원이 더 비싸다는 것도, 편의점에서 주말 아르바이트를 여덟 시간씩 하면 얼마를 버는지 전혀 모르는 사람들이 하는 입에 발린 말이다. 좋아하려고 해도 좋아할 수가 없다.

만약, 선거에서 떨어진 정치인이 "저처럼 완벽하다고 생각했던 사람도 한 치 앞을 못 내다보는 게 인생입니다. 인생은 참으로 안개처럼 애매모호합니다."라는 인터뷰를 했다고 하자. 시청자들은 정치인의 말이 어디에서 가져온 것이 아닌, 자신이 직접 만든 솔직하고 진정성 담긴 말로 인식할 것이다. 인생은 안개처럼 애매모호하다는 말은 정치인의 삶에서 만들어낸 아포리즘이다.

## 일생을 평탄하게 보내는 방법
· · · · ·

### 여자 말을 들어야 한다고

목이 말라 냉장고에서 스누피가 그려진 커피 우유를 마셨다. 밤에 잠을 잘 수가 없었다. 몸은 피곤한데 잠이 오지 않았다. 내가 눈을 말똥말똥 뜨고 뒤척이자, 아내는 "그러니깐 그 고카페인 커피 우유를 왜 먹었어. 그거 나도 아침에 나눠서 마시는 건데! 그리고, 내가 자기 전에 뭐든 먹지 말라고 했지? 왜 여자 말을 안 듣는 거야?"라고 말했다.

나는 그제야 귀여운 스누피 커피 우유의 정체가 고카페인 악마의 음료라는 것을 알았다. 시간은 상대적이라서, 불면증 환자의 밤은 아내의 잔소리처럼 끝이 없다. 오늘 밤, 한시적 불면증 환자가 된 나는 이미 자기는 글렀으니, 글을 써야겠다고 생각을 했다. 안방에서 나와 서재로 향했다. 수많은 소설책들이 이 불면의 밤을 자신과 함께 보내자고 들썩이는 것 같았다. 권여선 작가가 쓴 《아직 멀었다는 말》이 파랗고 분홍빛 표지로 나를 새초롬하게 바라본다. 그녀는 내가 아는 작가 중에서 서술자의 진술을 가장 정확한 언어로 쓰는 사람이다. 예전 작품에 비해 인물의 대사 처리도 자연스럽다.

옆을 보니 김영하 작가가 쓴 《오빠가 돌아왔다》가 보인다. 무려 세 권이나 있다. 하나는 야구 방망이를 들고 있는 남자가 여자를 때리려는 그림이 인상적인, 창비에서 나온 2004년 판이다. 또 하나는 문학동네에서 나온 2010년 판, 나머지는 복복서가에서 나온 2020년 판이다. 나는 이 소설집을 좋아한다. 복복서가에서 나온 책을 들고, 〈그림자를 판 사나이〉를 읽는다. 그리고 바로 '엄마'의 대화 부분에서 멈춘다.

흡사 아내가 했던 말이었다. 여자 말을 들어야 한다고.

위 이야기의 '나'는 글을 쓰기 전에, 항상 독자를 생각하는 사람이다. 글을 쓰기 전에 김영하 작가의 《오빠가 돌아왔다》 중 〈그림자를 판 사나이〉를 읽는 점에서 알 수 있다. 이 소설 속 인물인 '엄마'는 출판계의 진실을 이야기한다.

현재 출판계는 여성 독자, 그것도 20~40대의 여성 독자들이 대부분이기 때문에, 책을 출간하는 작가라면 당연히 여성을 위한 글쓰기를 해야 한다고 말한다. 이는 작가라면 누구나 동의하는 내용이다. 김영하 역시 이를 알고 있기에, '엄마'의 입을 빌려 말을 하고 있다.

하지만, 알고 있는 것과 실제로 행하는 것은 다르다. 알고 있는 것을 행동으로 옮기기까지는 끊임없는 되뇜이 필요하다. 특히나 그 행동이 혼자 하는 일이라면 더욱더 그러하다. 글쓰기는 혼자 하는 일이다. 말하기의 경우 글쓰기보다는 청자가 직접적이다. 하지만, 많은 옷이 있어도 좋아하는 몇 벌의 옷만 계속 입는 것처럼, 대화하다 보면 비슷한 말만 계속 돌려 가며 쓰게 된다. 청자가 바로 앞에 있지만, 청자를 위한 화자의 말하기를 하지 않는 것이다.

'청자를 고려해야지.'라는 생각을 하면서도, 말을 하다 보면 자기중심적인 표현이 되면서 내가 하고 싶은 말이 중심이 된다. 이 정도면, '내가 말을 한다.'가 아니고 '말이 편한 대로 나온다.'가 적확한 표현이다. 이런 말하기를 계속하다 보면, 내 말을 제대로 들어주는 청자가 점차 사라진다. 애독자 없는 무명의 작가가 되는 것이다.


## 어마어마한 판매량을 올린 문학 작품의 공통점
· · · · ·

《82년생 김지영》은 현대소설 중에서 손꼽히는 좋은 작품이다. 조남주의 《82년생 김지영》은 지금도 서점에서 잘 팔리는 작품이다. 이 책은 출간되고 바로 이슈가 되었다. 현대소설에서 최인훈의 《광장》 이후에 이런 광풍을 이끈 작품이 있었을까 싶을 정도의 반향이 크다. 이 소설은 현대 문학의 축을 '이념 및 계층 갈등'에서 '젠더 갈등'으로 바꾸었다. 문학사적으로도 상징적인 책이다.

지금까지도 《82년생 김지영》은 **빽빽한** 리뷰와 **촘촘한** 댓글들로 치열한 독서 토론의 현장을 만들고 있다. 이 소설을 좋은 작품으로 볼 수 있는 근거는 많다. 갑자기 접신하는 듯한 '김지영'의 이상 현상을 구구절절 설명하지 않는 현대적 플롯, 결말부에서 더 견고해지는 기존 사회의 모순, 누구나 생각하지만 쉽게 말할 수 없는 것을 쏟아내는 대화 장면의 카타르시스는 이 작품이 좋은 소설임을 충분히 증명한다.

《82년생 김지영》은 현대소설이 갖추어야 할 좋은 특성을 갖추었다. 글을 쓰고 있는 나는, 이 책을 꽤, 많이, 다시 본다. 새로운 글을 쓸 때마다 참고하려고, 서재에 가장 잘 보이는 위치에 이 책을 두었다.

한국 문단에서 100만 부 이상 팔린 책들의 목록을 보면, 공통점을 찾을 수 있다. 이념 갈등을 지적 언어로 분석한 《광장》, 산업화 시대 노동자의 삶을 문제적으로 드러낸 《난장이가 쏘아올린 작은 공》, 70년대 정치 현실과 개발 독재의 실상을 그린 《당신들의 천국》, 그리고 이 시대를 사는 모든 여자들과 엄마를 그린 《82년 김지영》. 모두 그 시대 책을 읽는 독자층이 하고 싶은 말을 세련된 언어에 담았다는 것이다.


### '좋은' 현대소설은 많은데 왜 '김지영'일까?
· · · · ·

위에서 언급했듯 《82년생 김지영》은 좋은 현대소설로서 충분한 조건을 갖춘 작품이다. 이 책은 2018년에 이미 100만 부가 팔려 밀리언셀러가 되었고, 동명의 영화가 개봉하고, 번역되어 해외 진출까지 하여 많은 곳에서 더 다양한 매체로 독자들을 만나고 있다.

'82년생 김지영 광풍'이라고 표현하는 것이 결코 과장이 아니다. 매우 최신 작품임에도, 교과서에서 이미 일부 소개가 되고 있으며, 곧 대부분 교과서에서 이 작품을 다룰 것이다. 이 책과 관련된 현상은, 단지, 민감한 주제인 '젠더 갈등'을 세심하게 다루었고, 좋은 소설로서 자격이 있다는 것만으로는 부족한 설명이다.

출판계에서 밀리언셀러는 책을 평소 구입하는 사람은 모두 이 책을 샀다는 것을 의미한다. 이 책은, 책을 주로 구입하는 독자층에게 매력적이다. 20~40대 여성에 모든 것이 맞춰진 작품이기 때문이다. 20~40대 여성 독자들이 꼭 하고 싶고, 듣고 싶은 말들을 한다. 번하지 않게 현대적 플롯과 형식으로 전해준다.

그래서 여전히 폭발적이다. 《82년생 김지영》은 독자들이 듣고 싶은 말을 교양 있게 들려준다. 독자들이 원하는 것을 좋은 현대소설의 내용과 형식에 맞추어 표현하고 있다. 이 책을 계기로 영상 매체 자료에 익숙한 젊은이들 다수가 성인 독자로 유입되었다.

## 간단한 것과 쉬운 것은 다르기 때문에
·····

효용론에서 한 편의 글은 독자적으로 존재하는 것이 아니라 누군가에게 읽힐 것을 전제로 한다. 따라서 글을 쓸 때는 독자를 고려하여 써야 한다. 효용론은 작품을 독자에게 어떤 효과를 주기 위한 것으로 보며, 작품의 가치를 그런 목적의 성취에 따라 판단한다. 이러한 접근은 로마시대로부터 18세기까지의 문학 논의를 지배하였고, 지금까지도 가장 유의미한 관점이다.

에이브람스가 '문학을 바라보는 관점'을 비평 이론으로 정립하고 난 뒤, 위 관점은 문학 해석의 주요 틀이 된다. 학창 시절 '표현론', '반영론', '절대론', '효용론'을 들어 본 우리는, '효용론'에서 중요하게 생각하는 독자와 작품 간의 관계를 이미 알고 있다. 독자 중심의 글쓰기가 필요한 학문적 근거이다.

최근에는 작가들 또한 이를 인지하여, 작품 속에 다양한 장치를 통해 독자들의 반응을 이끌고 또한 그것에 영향을 미치기 위해 애를 쓴다. 한때 청년들의 아픈 마음을 달래 위한 힐링 에세이가 쏟아져 나온 현상이나, 아직까지도 자기 개발서가 인기 있는 이유도 모두 효용론의 관점에서 설명 가능하다.

작가는 책을 읽는 사람이 읽기 편한 형식으로 써야 한다. 독자가 읽기 원하는 내용으로 써야 한다. 이처럼 독자 중심 글쓰기를 해야 하는 이유와 쓰는 방법은 너무 간단하다. 그러나, 간단한 것과 쉬운 것은 다르다. 이렇게 간단한 내용을 알면서도 실제로 하기는 힘들다. 내가 〈그림자를 판 사나이〉와 《82년생 김지영》을 자주 보는 이유이다.

# 뻔한 말은 하나 마나
·····

## 하고 싶은 말을 하지 말고, 상대가 듣길 원하는 말을 해

나는 최근에 블로그를 만들었다. 블로그에 직접 찍은 사진으로 배경을 넣고, 책에서 봐 둔 멋진 말로 내용을 채웠다. 사람들이 곧 바글바글 들어와서 댓글을 달고 방명록에 글을 남길 것 같았다. 내가 관심 있고 자신 있는 분야의 글을 사진과 함께 포스팅하고, 사람들의 반응을 기다렸다.

새로고침을 하지만, 방문자 수는 변함없이 한 자릿수였다. 블로그 홍보가 부족해서 그렇다고 생각하여, 자주 활동하는 카페와 밴드에 가서 링크를 걸어뒀다. 조금 늘어서 10명이다. 며칠이 지나도 변함이 없었다. 아무리 좋은 사진을 찍고 깊은 내용을 담아도 그대로였다.

무엇이 문제일까 싶어 유튜브에 '블로그 방문자 늘리는 법'을 검색했다. 영상 몇 개를 훑어보니, 공통된 답을 알려줬다. "많은 사람들이 검색하는 '실시간 인기 검색어'를 주제로 포스팅을 하세요."

유튜브에서 알려준 대로, 사람들이 많이 찾는 키워드로 블로그 글을 올렸다. 올리자마자, 엄청난 트래픽이 발생했다. 몇 달간 블로그에 유입된 총인원보다 훨씬 많은 사람들이 들어왔다.

위의 사례에서는 블로그 유입을 늘리는 방법으로 많은 사람들이 관심 있는 '실시간 검색어'를 주제로 포스팅하라고 한다. 사람들에게 인기 있는 강연자나 작가가 되는 방법은, 자신이 원하는 말을 하지 말고 많은 사람들이 듣길 원하는 말을 해야 한다.

실시간 검색어를 주제로 블로그에 글을 올리면 유입이 급격하게 는다. 이는 많은 사람들이 흥미 있어 하기에 당연한 결과이다. 하지만, 글의 내용이 인터넷 어디에서라도 볼 수 있는 그저 그런 내용이라면, 사람들은 바로 인터넷 창을 닫는다.

나는 청자를 고려하여 그들이 원하는 이야기를 했다. 많은 사람들이 나에게 몰려들어 내 이야기에 관심이 있는 듯했다. 하지만, 사람들은 금방 싫증을 내고 나가버린다. 안 봐도 딱 보이는 뻔한 글이기 때문이다.

사람들은 자신이 듣고 싶은 말을 듣되, 신선한 언어와 색다른 표현을 바란다. "당신은 예쁘다.", "당신은 잘생겼다.", "당신 덕에 우리 회사가 발전한다."라는 말은 누구나 듣고 싶은 말이지만, 막상 듣게 되면 금방 싫증이 나고 진심이 아닌 그냥 하는 말로 생각된다. 사람들은 큰 의미를 부여하지 않는다. 이런 말을 해주는 사람에게 특별한 고마움이 들지도 않는다. 뻔한 말은 하나 마나이다.

# 선물 같은 말을 하고 글을 쓴다면
·····

## 갑자기 교감과 교장이 파안대소하였다

○○고등학교는 교장과 교감이 명령하여 몇 년 전부터 주말 수업을 하고 있다. 교사들의 엄청난 반발에도 시골 학교가 살아남기 위해서는 학원에 안 가도 공부를 계속할 수 있는 공간과 강의가 필요하다는 이유였다. 지역 출신의 교사 몇과 승진을 앞둔 교사 몇이 뜻을 같이했다. 주말 수업반의 교실명은 '새빛반'이다.

오늘은 회식 날이다. 직장인들의 대화가 매번 그렇듯, 주제는 자연스럽게 부동산으로 넘어간다. 갑자기, 누군가 이 지역에 1,300세대의 대형 아파트가 건설된다는 소식을 말한다. 그러자, 집 한 채 이상 가진 장년층들은 자신들의 집값이 떨어질 것에 충격을 받으며 급격히 동요하기 시작한다.

구형 아파트는 당장이라도 팔아야 한다느니, 새로 건축되는 대형 아파트 분양 가격이 얼마라느니, 지하 5층까지 주차장이 있어서 한 가구당 세 대까지 주차 공간이 있다는 말까지. 자신들의 재산과 관련된 문제라서 그런지 다들 열띤 토론의 장을 펼친다.

그때 한 교사가 교감, 교장에게는 눈도 안 마주치며 일어나 말한다.

> "여러분 걱정하지 마세요. 여기 부동산은 절대 안 떨어집니다. 부동산 업자들이 뭐라는지 아십니까? 여기는 ○○고등학교 새빛반이 있는 한 아파트 수요가 계속 있어 집값 안 떨어진답니다."
> 갑자기 교감과 교장이 파안대소하며, 생각지도 못한 큰 칭찬을 받은 듯 술잔을 크게 들이켠다.

누군가 "가장 기억에 남는 선물을 준 사람은?"이라고 묻는다면, 대부분 "어린 시절 산타클로스."라고 답한다.

어린 시절의 산타클로스란, 아주 먼 얼음 나라에서 루돌프와 살고 있는 할아버지이다. 산타클로스는 내가 잠든 틈을 타, 이브에서 크리스마스로 넘어가는 시간에 다녀간다. 1년 동안 내가 한 일을 잘 지켜보고 있다가, 나도 모르는 내가 진정으로 원하는 선물을 가져다준다. 선물 받을 줄 알고 있었더라도, 양말을 열어보기 전까지는 거기에 어떤 것이 들었는지 감히 상상할 수도 없다. 크리스마스 아침을 가슴 설레도록 기다리는 이유이다.

아침에 두툼한 양말을 보고, 아이들이 그것을 여는 순간, 파안대소한다. 내가 간절히 바라던, 생각지도 못한 것이 거기에 들어 있기 때문이다. 위 사례의 교감과 교장은 산타클로스의 선물을 받은 것처럼, 생각지 못한 칭찬에 파안대소한 것이다.

내가 신경 써서 몇 마디 한 것으로 상대가 진심으로 기뻐하는 미소를 보낸다면? 내가 깊은 의미를 담은 몇 줄의 문장을 보고 독자가 두고두고 기분이 좋았다면? 이러한 말과 글로 상대와 의사소통을 이어간다면? 생각만 해도 기분이 좋고, 내 인생과 사람들의 인생이 즐거워지는 기분이다. 선물 같은 말을 하고 글을 쓴다는 것은 즐거움을 서로에게 준다. 상대가 바라고 있었지만 예상하지 못한 말과 글, 비싸지 않지만 값비싼 선물이다.

## 15년 전 나를 만났다

　고등학교 진학 후, 나는 모든 국어 시험에서 만점을 받았었다. 수능 때도 예외가 없었다. 지금의 내 나이 정도인 담임교사에게 수능 가채점을 제출했을 때, 그는 "넌 100년에 한 번 나오는 수능 국어 천재다."라며 나를 치켜세웠다. 그러면서 네 이름을 빛낼 기회라며, 대학 배치표에 있는 서울대학교의 가장 낮은 과를 손가락으로 가리켰다.

　'수능 역사가 30년이 안 되는데 무슨 소리세요? 그리고 가지도 않을 학과에 원서를 왜 쓰라는 거예요?' 삐딱한 자세로 퉁명스러운 대답을 할 뻔했다. 하지만 나는 입을 꽉 다물고 자세를 바로잡았다. 서울대학교 인류학과를 가리키는 담임교사의 팔뚝이 너무 굵었기 때문이었다.

　'남자는 몸 대신 사상을 키워♬'

　당시 유행하던 대중가요를 마음속으로 몇 번이고 불렀다. 담임교사의 건장한 몸과 대조되게 바짝 마른 나였지만, 그럼에도 스스로는 전혀 꿀리지 않는다고 합리화했다. 에픽하이의 노래 제목 〈평화의 날〉처럼, 나는 그런 식으로 나의 잘난 모습은 지키고 나의 부족한 부분을 애써 외면하며 평화롭게 살았다.

수능 이후에 고등학교 3학년은 정말로 할 일이 없다. 어정쩡한 시기에 맞춰 운전 학원과 피트니스 클럽은 대대적인 홍보를 했다. '수험생 할인', '수험생 무료 피티', '수험표 제출 시 현금 지급' 각종 현수막 문구에 끌려, 오전 수업을 마친 친구들은 운전을 배우고 헬스클럽에서 쇳덩이를 들었다.

그리고 저녁이 되면 부모님이 없는 집에 모여 술을 마셨다. 밤새 퍼마신 술을 학교에서 깼고, 오후에 운전을 배우고 쇳덩이를 들고, 다시 저녁이 되면 빈집에 모여 술을 마셨다. 3학년 교실은 바닥부터 술 냄새가 진동을 했다. 나는 남들이 다하는 것은 하기 싫었다. 뻔한 것은 당시 내가 제일 싫어하는 것이었다. 나는 그 어렵다는 국어 시험을 모두 만점 받은 학생이 아닌가?

무거운 쇳덩이를 드는 것은 무지렁이들이나! 운전은 나중에 성공해서 운전기사를 부리면 되지 야망 없는 놈들! 단지 취하기 위해 술 마시는 속물적인 놈들! 나는 친구들의 선택을 비웃으며 혀를 찼다. 그때 나는 겉멋만 잔뜩 든, 잘하는 것이라고는 국어 시험 잘 푸는 것뿐인 허영심 가득한 고등학생이었다.

이런 놈들과는 나는 다르다! 나는 '100년에 한 번 나올까 말까 한 국어 천재'답게 지적 욕망을 충족하기 위해, 두꺼운 고전 작품을 읽었다. 대중가요의 노랫말처럼 사상을 키우기로 한 것이다. 물론, 한국 작가들이 쓴 작품은 읽지 않았다. 외국 작가가 쓴 책들만

쌓아 두고 읽었다. 그게 좀 더 있어 보였기 때문이었다.

《노인과 바다》,《데미안》,《무기여 잘 있거라》,《죄와 벌》,《이방인》,《고도를 기다리며》….

고전이라고 일컬어지는 책들은 하나 같이 시시하기 짝이 없었다. 모두 구태의연하고 뻔한 스토리에 현실성이 떨어지는 인물뿐이었다. 그중에 최악은 가장 마지막에 읽은 《고도를 기다리며》였다. 이따위 허무 개그 같은 내용의 단순 반복이 무슨 고전이냐며 책을 집어 던지기까지 했다. 그때는 그러고 나서 스스로를 멋진 놈이라고 생각했었다.

이게 고전이라고? 더럽게 재미없고 지저분한 플롯이구만. 이미 고등학교 2학년 때, 괴테의 희곡 단편을 모조리 읽은 나였다. 깊이도 없고 극적 갈등도 없는 사무엘 베케트의 작품이 정말로 마음에 들지 않았다. 다시는 읽고 싶지 않은 작품이라고 바닥에서 신음하고 있는 책을 향해 악담을 해댔다.

사무엘 베케트, 고도를 기다리며.

그래도 작가와 작품명은 기억하기로 했다. 만약에 근육뿐인 담임교사가 책을 추천해 달라고 하면, 그때 이 책을 말해서 골탕 먹이려는 심보였다. 그 정도로 애매한 의미도, 최소한의 재미도, 얕은 깨달음도 없는 어이없는 작품이었다. 작품에 끝까지 등장하지 않는 '고도'처럼 아무것도 없는 책이었다. 그렇게 《고도를 기다리며》는 꽤 오랫동안 내 방구석 어디엔가 처박혀 있었다.

그러다 산울림 극단에서 《고도를 기다리며》를 연극으로 공연한다는 뉴스 기사를 봤다. 나는 아는 척을 할 수 있다는 기대감으로 그 뉴스를 클릭했다. 기사 내용은 내가 익히 알고 있는 책의 내용이었고, 공연은 집에서 얼마 떨어지지 않은 극장에서 한다는 것이었다. 기사를 대충 훑은 나는 기사 제일 하단의 댓글창에 글을 썼다.

이런 재미도 없고 감동도 없는 원작으로 도대체 무엇을 하겠다는 것인가. 언제까지 없는 의미를 찾기 위해서 소리 없는 아우성을 칠 것인가. 아무것도 없는 것을 무엇인가 있는 것처럼 포장하고 싶은 것인가.

나는 고고한 평론가처럼 문장에 운율을 살려서 깊고도 통찰력 있는 글을 썼다고 생각했었다. 물론 지금 생각해보면, 참으로 돼먹지 못한 문체에 모조리 틀린 내용들이었다. 작품의 겉면만 살짝 훑은 애송이의 평가였다. 하지만, 당시의 나는 댓글을 달고 나서 사람들이 나의 고고한 평가에 어떤 반응을 보일까 미친 듯이 궁금해했다.

수시로 뉴스 기사의 댓글을 보면서, 내 시크하고 멋진 평에 대한 사람들의 반응을 기다렸다. 몇 시간이 지나고 나서 댓글이 하나 달렸다. "《고도를 기다리며》는 실존주의 철학의 관점에서 의미를 찾으려 노력해야 하며, 그 과정 자체가 의미이다."라는 내용의 꾸짖음이었다. 나를 꾸짖는 그 댓글을 보고, 당신의 글이 얼마나 잘 못된 것인지를 내가 알고 있는 온갖 어려운 말들을 동원해서 꽤나 긴 글로 남겼다.

그러고 나니, 내 긴 댓글에는 아무런 댓글도 달리지 않았다. 내가 이겼다! 나는 스스로의 문학적 소견과 철학적 사유에 만족했다. 이것이 바로 글로써 오랑캐를 제압하는 것인가? 실존주의니 뭐니 떠들어대도 결국은 별것 아니었구먼! 그렇게 나는 고등학교 시절의 나를 《고도를 기다리며》에 대해 고고한 평론을 남겼던 멋진 승리자로 기억하고 있었다.

그때 이후로 15년이 지났다. 나는 대학로에서 여자 친구와 데이트를 하기로 했다. 그런데 여자 친구가 회사에 급한 일이 생겼다며, 약속을 두 시간 미루자고 했다. 어쩔 수 없이, 나는 대학로에서 두 시간이나 혼자 있어야 했다. 다른 곳에 가기도, 가만히 있기도 애매해서 근처에 보이는 서점에 들어갔다. 문학 코너로 들어가서 가장 앞에 보이는 책을 아무것이나 잡아 읽기로 했다.

그런데, 그게 하필 《고도를 기다리며》였다.

고등학교 때 생긴 작품에 대한 부정적인 감정이 아직도 남아 있었다. 한참을 고민하다가, 그 책을 펼쳤다. 그 순간 시간이 멈췄다. 꼼짝도 않고 구석에 쪼그려 그 책을 단숨에 읽었다. 그 책으로부터 나를 겨우 떨어트린 것은, 왜 약속 장소에 나오지 않느냐는 여자 친구의 전화였다. 무려 두 시간 넘는 시간 동안 다리에 쥐가 나는

지도 모르고 그 책에 빠진 것이었다.

전화를 받고 부랴부랴 자리에서 일어나려 하자 어지럼증이 왔다. 오랜 시간 쪼그려 앉아 생긴 혈액 순환 장애 때문이 아니었다. 고등학교 시절, 아무것도 모르고 이 책에 대해 멋대로 떠들어대던 부끄러움 때문이었다. 혼자 새빨개진 얼굴로 숨을 쉭쉭 몰아쉬며 서점을 나왔다.

그날 여자 친구와 무엇을 먹고 어떤 공연을 봤는지 기억이 나지 않는다. 서점에서부터 계속 내 머릿속은 《고도를 기다리며》의 내용과 고등학교 시절의 부끄러운 내 기억으로 꽉 차 있었기 때문이었다. 데이트를 마치고 집에 도착하자마자 혹시 예전 그 기사가 남아 있는지 검색해 보았다.

홍보 기사여서 그런지 그 기사는 찾을 수 없었다. 나는 안도의 한숨을 내쉬었다. 대신, 최근에 《고도를 기다리며》를 연극 공연으로 다시 선보인다는 기사가 있었다. 나는 반갑고도 부끄러운 마음에 그 기사를 클릭했다. 그리고 댓글을 봤다.

고전의 탈을 쓴 허무맹랑하고 알맹이 없는 이야기의 쓸모없
는 극화. 언제까지 명성만으로 관객에게 씁쓸한 웃음만 줄 것
인가?

지적 허영심 가득한 오만방자한 사람이 쓴 댓글이었다. 딱 고등

학교 시절의 나였다. 나는 그 시절 이 작품을 모욕한 잘못을 사죄하는 마음으로, 내가 이 작품을 다시 읽고 느낀 감동을 인간의 실존과 함께 구체적으로 풀어냈다. 이 정도면 이 작품을 오해하고 있는 사람도 충분히 알아들을 수 있을 거라고 생각하며, 단호하게 일갈했다.

그리고 얼마 안 되어 내 댓글에 다시 댓글이 달렸다. 꽤 긴 글이었는데, 이 작품을 피상적으로 이해한 사람이 온갖 어려운 말을 동원해서 쓴 말도 안 되는 글이었다. "발단에 명징한 배경이 제시되어야 하는데, 이 작품의 부재하는 배경은 서사의 모체를 공습하는 붕괴이며…." 나는 그 글을 모두 읽고 한숨을 쉬었다. 그러고는 아무런 답글을 달지 않고, 인터넷 창을 껐다.

며칠 뒤, 산울림 극단을 찾았다. 〈고도를 기다리며〉를 보기 위함이었다. 명작을 바탕으로 만든 명극이었다. 공연이 끝나고, 내 머릿속에서 하나의 의문이 떠나지 않았다.

이런 명작을 폄훼한 고등학생 시절의 나를 꾸짖던 사람은 미래의 내가 아니었을까?

# 2장

## 밋밋한 삶에 생기를 주는 말기술 써먹기

## 곤란할수록 잘 먹히는 특효약

### 난해하고 복잡할수록, 쉽고 빠른 방법이 존재한다
·····

**할머니는 고대 그리스의 소피스트였다**

할머니는 자존심이 강했다. 가족 간의 일상적인 대화에서도, '한 번 밀리면 끝이다!' 라는 태도로 결사 항전하듯 쏘아붙였다. 윤회설이 맞는다면, 그녀는 전생에 고대 그리스의 소피스트일 것이다. 그녀는 자신의 전문 분야인 살림살이는 물론이고, 한 번도 접하지 못한 자동차의 고장에 대해서도 자신의 주장을 굽히지 않았다.

자식들 앞에서 말하기 남사스러운 돈 문제를 할아버지가 조심스럽게 꺼내면, 할머니는 "당신의 어정쩡한 태도는 내 말이 정확히 맞다는 걸 보여주잖아요."라며 화를 냈다. 반대로 그녀가 말하기 꺼리는 주제는 "내가 하고자 하는 이야기는 너무 어려운 것이니 이쯤에서 그만둡시다."라며 회피했다.

할아버지는 할머니와 말다툼해서는 승산이 없다는 것을 깨달았던 것 같다. 어느 순간부터 그녀에게 대거리하는 대신 침묵했다. 그녀가 벼락같은 화를 내면 할아버지는 담배를 물고 구시렁대면서 마당으로 나갔다. 할아버지마저도 그러했으니, 그녀의 자식들은 말대답할 생각도 못했다. 그녀의 고집을 꺾을 수 있는 사람은 아무도 없었다.

아버지의 오래된 디젤 자동차에 시커먼 연기가 나올 때는 "내가 이쪽 분야 전문가는 아니지만 내 말을 믿어라."라며 운행을 종용했다. 결국 그날은 고속도로 입구에서 차가 멈추었다. 카센터로 차를 보내고 다시 시골집으로 돌아온 우리를 보고도, 그녀는 "네가 틀린 것도 아니고 내가 틀린 것도 아니지만 난 내가 맞다고 믿는다."라며 자신의 실수를 전혀 인정하지 않았다.

세상은 불가해하다. 이런 특성은 세상에 모여 사는 사람들이 난해하고 복잡하기 때문이다. 위 이야기의 할머니는 자존심이 강하다. 다변가에 달변가이다. 가족들을 이겨 먹을 때가 있으면 져 줘야 할 때도 있는데, 그럴 줄 모르는 사람이다. 자신이 확실하게 모르는 분야에도 자신만의 논리를 관철시킨다.

가족들은 할머니의 이런 모습을 계속 봐 왔기에 익숙하다. 그녀의 말과 행동을 가족들에게 이해시키기는 쉽다. 그녀는 그런 사람이라는 것을 알고 있기 때문이다. 하지만, 할머니를 잘 모르는 사람에게 그녀가 어떤 사람인지를 설명하는 것은 완전히 다르다. 어디서부터 이야기를 해야 하며, 어떤 일은 언급하고 어떤 일은 언급하지 말아야 할지부터 확실하지 않다.

이처럼 잘 아는 대상을 설명하는 것은 쉽고 빠르게 할 수 있다. 그래서 윗글의 서술자는 난해하고 복잡한 인물인 할머니를 누구나 알고 있는 소피스트에 빗대어 설명하고 있다. 어떠한 상황에서도 꿋꿋한 자존심으로 자신의 주장을 굽히지 않으며, 자신이 명확하게 잘못한 일에도 특유의 논리로 합리화하는 사람, 그것이 할머니이고 소피스트인 것이다.

비유는 원관념을 보조관념에 빗대어 설명하는 것이다. 원관념은 화자는 정확하게 알고 있지만, 청자는 잘 모르는 대상이다. 보조관념은 화자와 청자 모두 명확하게 알고 있는 대상이다. 이 둘을 연결하여 보조관념의 특성으로 원관념을 쉽고 빠르게 설명하는 것이 비유이다. 난해하고 복잡한 수학 문제일수록 풀이 과정은 간단하다. 이는 말하기도 마찬가지이다.


## 백 마디 말보다 나은 효과를 부르는 비유 한마디
· · · · ·

말을 많이 하는 사람과 툭툭 받아치기만 사람

고등학교 때까지 이성과 이야기할 기회가 없었다. 대학교에서 이성들과 모임을 가질 때, "너는 왜 이렇게 말이 없어?"라는 말을 자주 들었다. 그것 때문만은 아니었겠지만, 동기들이 이성 친구를 만들 때, 나는 소위 썸 타는 사람도 없었다. 여태 연애를 해 본 적이 없었기에, 처음에는 별다른 느낌이 없었다. 그런데, 벚꽃이 폈다.

벚꽃이 피는 것을 보고 있자니, 그 아래에서 손을 잡고 걸어 다니는 동기들은 보고 있자니 가슴이 아렸다. 무엇보다도, 학교에서 매번 밥을 같이 먹던 단짝 동기가 애인이 생기자 데이트를 나가서, 밥을 혼자 먹어야 되는 상황이 빈번히 생겼다. 나는 불안해졌다. 마음이 초조했다. 이러다가 연애를 한 번도 못 하고 대학 생활을 마칠 수도 있겠다는 생각이 들었다.

'이성에게 인기를 얻는 법'이라고 인터넷에 검색했다. "이성에게 말을 많이 걸어야 합니다. 이런저런 주제로 끊임없이 말을 하면 인기를 얻을 수 있습니다." 나는 인터넷에 나온 방법대로 이런저런 분야의 주제에 대해 이야깃거리를 찾았다. 준비를 단단히 해서 미팅 자리에 나섰다.

이런저런 이야기가 나올 때마다, 나는 내가 준비한 이야기로 대화가 끊어지지 않게 했다. 확실히 예전과는 달리 이성들은 나에게 왜 말이 없는지 묻지 않았다. 하지만 그것뿐이었다. 미팅이 끝나고, 마음에 드는 사람들끼리 짝을 지었을 때 인기가 가장 많은 사람은 내가 아니었다. 대화 중간중간에서 재치 있는 비유로 분위기를 띄운 동기였다.

처음 만난 사람과 관계를 만들고 싶을 때, 가장 좋은 방법은 대화이다. 알고 있던 사람과 거리를 좁히고 관계를 발전시키고 싶을 때, 가장 좋은 방법 역시 대화이다. 위 이야기의 '나'는 이성과 연애를 하고 싶어 고민한다. 인터넷에서는 인간관계의 마땅한 진리를 알려줬다. '나'는 그 방법을 따라, 성실하게 준비하지만 결과적으로는 실패했다.

관계를 만들고 발전시키는 대화는 지루하지 않은 이야기이고 흡입력 있는 이야기이다. 어디에서라도 들을 수 있고, 이미 수차례 들었던 뻔한 이야기는 듣는 사람으로 하여금 나를 재미없는 사람으로 만든다. 매력적인 대화를 하는 사람이 매력적인 사람인 것이다. 그리고 사람들은 어느 정도 익숙한 분위기가 만들어졌으면, 듣는 것보다 말하는 것을 좋아한다.

상대방이 잘 말할 수 있게, 중간중간에 비유적인 표현으로 분위기를 띄우는 사람은 매력적이다. 이는 직장에서도 마찬가지이다. 직장에서 진급이 빠른, 소위 총애받는 직원은 말이 많은 사람이 아니라, 상대가 말을 많이 할 수 있게끔 중간에 툭툭 말을 잘 받아주는 사람이다. 말을 잘 받아주는 것은 "아…", "네…", "음…", "그렇죠…"의 의미 없는 말을 사용하면서 고개를 끄덕이는 것이 아니다.

회의 시간에 팀장이 "직원들 간에 신의가 중요합니다. 서로 믿고 의지할 수 있어야 합니다."라는 말을 했다. 모두가 "아… 네.", "음… 그렇죠."를 말했을 때, 누군가 "김보성이 생각납니다. 의리 의리 의리!"라고 했다. 같은 직무 능력이라면, 팀장의 발언을 김보성의 유행어와 재치 있게 연결한 비유법에 능한 직원과 일하고 싶을 것이다. 백 마디 말을 해도 설명하기 어려운 대상을, 한마디 비유로 설득까지도 할 수 있다.

## 울적한 이야기를 우울하지 않게
·····

### 초식동물로서의 직감

갑자기 비가 쏟아졌다. 가방에서 우산을 꺼내서 귀갓길을 재촉했다. 휙. 누군가 나를 잡았다.

"아저씨. 저 우산 좀 씌어주세요. 저기 바로 앞에 학원 가면 되거든요."

한 치수 작아 보이는 교복을 몸에 딱 붙게 입은 여고생이었다. 나는 우산을 씌어줬다. 1인용 접이 우산을 두 명이 함께 쓰니 내 몸의 절반과 학생의 절반은 비를 맞았다. 학생은 비를 피해 계속 우산 안으로 파고들었다. 그럴수록 나는 우산 바깥으로 밀려났다.

"아저씨 등이랑 가방에 비 다 맞았잖아요. 우산을 같이 써야지, 나만 씌어주면 어떻게 해요?"

학원 입구까지 무사히 도착한 학생이 나를 타박했다. 나의 어머니가 그 자리에 있었다면, 그 학생을 고소했을 것이 분명했다. 그리고 재판장에서 판사는 "배은망덕은 무기징역"이라고 선고하겠지. 갑자기 어머니가 보고 싶었다.

법원에 학생을 피고인으로 세우는 망상을 하며, 나는 서둘러 몸을 틀었다. 초식동물이 오래 사는 법은 일단 피하는 것이다. 나는, 나보다 센 것이 확실한 여고생을 피해, 좁고 아득한 나의 집으로 나서려 했다.

다행히 비는 잦아들고 있었다. 하지만 여전한 찬바람은 언제라도 쏟아질 비를 예고하고 있었다. 나는 우산을 접고 학원 입구에서 서둘러 나오고 있었다. 그때 여고생이 나를 불렀다.

"아저씨, 이제 비 그쳤네요. 이따 학원 마치면 또 비 올 것 같은데, 우산 저 빌려주면 안 돼요?"

나는 내 우산을 꽉 쥐고 달릴 준비를 했다. 달려야 한다. 초식동물로서의 직감이었다.

위 이야기의 '나'는 참을성이 있다. 어떻게 보면 바보 같고, 시쳇말로 호구 같다. 자신보다 나이가 훨씬 어린 여고생에게 1인용 우산을 씌어준다. 여고생이 비를 안 맞으려 우산 가운데로 파고드니, 스스로가 밖으로 밀려나서 비를 홀딱 맞는다. 여고생은 이런 바보를 잘 다룰 줄 아는 당돌함이 있다. 바보 같은 나를 타박하며 우산까지 뺏으려고 한다.

나와 여고생의 상반되는 성격과 일방적인 관계에서 일어나는 갈등은 나의 입장에서는 울적한 사건이다. 세차게 비가 쏟아지는 배경까지 더해 우울하기까지 하다. 그런데, 위 이야기는 울적하지도 우울하지도 않다. 오히려 웃음이 터진다. 바보 같은 나이지만, 이야기를 듣는 사람들은 나를 매력적으로 느낀다.

굴욕적인 일을 겪고, 여고생을 피고인으로 법정에 세운다는 상황설정이 재밌다. 특히 법원에서 '배은망덕은 무기징역'이라고 판결하는 장면을 상상하면서도, 그것은 망상일 뿐이라고 인정하는 부분이더 재밌다. 나라는 인물의 이해할 수 없는 말과 행동을 매력적으로형상화하고 있다.

이야기의 압권은, 자신의 우산을 꽉 쥐고 달아나려는 마지막 부분이다. 우산을 씌어서 학원까지 바래다준 것에도 만족을 못해 내가 가진 우산까지 뺏으려고 하는 여고생의 극악무도함 앞에, 나는 초식동물일 뿐이다. 매번 당하기만 하는 나를 힘없는 초식동물로 비유했다. 누군가 자신의 실제 이야기라면서, 이런 이야기를 한다면? 그 사람은 어떠한 울적한 일에도 우울해하지 않는 마음이 단단한 사람이다.

## 이야기할 수도 없고 안 할 수도 없을 때
· · · · ·

### 직장인의 우울증은 검은 개와 같아서

직원이 2개월 동안 병가로 자리를 비웠다. 그리고 이어서 6개월 동안 더 쉬고 싶다고 병 휴직을 신청했다. 사유는 우울증이었다. 그 직원의 병 휴직 승인이 나기 전에, 또 다른 직원이 2개월 동안 병가를 신청했다. 역시 우울증이 원인이었다. 회사 내에 우울증이 광풍처럼 불어오는 느낌이 들었다. 무겁게 가라앉은 분위기를 90년대생 사원이 깼다.

"우울증이 무슨 검은 개처럼 졸졸 따라다니네요."

갑자기 검은 개라니?

"요즘 우울증은 검은 개와 같아서, 공원 산책로에서 만나는 이웃집 개처럼 자주 보여요. 어떤 이유인지는 알 수 없는데. 갑자기 검은 개가 끈질기게 따라다닐 때도 있죠. 잘못한 것도 없는데 말이죠. 한번 따라다니기 시작하면 쉽게 떼어 놓기 힘든 것도 비슷해요. 이런 건 아무래도, 여린 사람들에게 더 쉽고 자주 일어나죠."

어? 어…

직원들의 빈자리를 보고 있다가, 예상치 못한 후배의 기습에 당했다. 훅 들어온 날카로운 비유에 나는 완전히 녹다운되었다. 역시나 90년대생은 달랐다. 나는 모니터에 띄운 엑셀 자료를 검토하는 척 후배를 외면하면서, '우울증은 검은 개와 같아서'라는 말을 찬찬히 되새겨 봤다.

예전에 우울증은 극소수의 사람들만 앓았지만, 언제부터인가 많은 사람들이 앓고 있거나 앓았던 병이 되었다. 과거에 우울증은 마치 전염병처럼, 사회에서 격리되어야 하는 질환으로 생각했었는데, 이제는 감기처럼 인식된다. 누구든 어디에서

든 볼 수도 만날 수도 있으며, 스스로의 통제가 불가능한 경우
가 많다. 무엇보다도 마음 여린 친구들이 더 취약하다.

많은 것을 공유하는 가족들이나 친구들과의 관계에서와 달리, 직장에서의 관계는 조심스러운 것이 많다. 그렇기에 대화의 주제로 올리기가 쉽지 않다. 하지만, 위의 이야기처럼 반드시 언급하고 지나가지 않으면, 더 심각한 상황이 우려되는 경우도 있다. 말을 섣부르게 꺼내기도, 그렇다고 아무런 언급도 안 하기도 애매한 상황이다.

여기에서, 90년대생 후배 사원은 주변에서 흔히 볼 수 있는 검은 개를 비유로 든다. 이 비유는 우울증을 앓던 영국의 총리 윈스턴 처칠이 한 표현이다. 이를 활용해서, 병 휴직한 두 명의 직원이 앓는 우울증이라는 것이 심각한 것이 아니며 누구라도 해당된다는 명백한 사실을 알렸다. 동시에, 반드시 언급해야 하는 직원의 휴직 사유를 자연스럽게 꺼냄으로써 더 심각한 상황을 막기도 했다.

만약, 우울증은 검은 개와 같다는 비유를 들지 않았다면? 직원들 모두 알면서도 공공연하게 말하기 힘든 두 직원의 병 휴직 사유를 이야기하지 않았을 것이다. 대신, 각자의 사모임에서 소위 험담으로 재생산되어, 오히려 두 직원을 아프게 했을 수도 있다. 그것이 마치 심각한 병인 양 언급하면서 더 심각한 상황으로 만들었을 수도 있는 것이다.

프레임이 사람을 규정짓는다. 사회학에서는 오래전부터 낙인 이론이라고 불리며, 사람들이 이야기하고 생각하는 인식이 그 사람의

성격을 만든다. 우울증이 요즘에 흔하다고는 하지만, 여전히 나이가 많은 사람들에게는 마음이 약해서 생기는 정신병이라는 인식이 강하다. 그런데 이를 자신들도 산책 중에 만나면 어찌할 수 없었던 검은 개에 비유했으니, 인식의 전환까지도 생긴 것이다.

## 내가 자주 사용하는 말이 최고의 비유
**· · · · ·**

비유는 참신한 것이 효과적이고 파급력이 크다. 참신하다는 것은 고차원적 지적 사유의 결과물이 아니다. 철학자들이나 작가들의 전유물이 아니다. 오히려 그들의 비유를 우리의 일상에 가져왔을 때, 어색하고 진부한 경우가 많다. 플라톤의 《국가》에 나오는 동굴의 비유를 기억했다가 일상의 대화에서 쓰려고 한다면? 말하는 사람도 듣는 사람도 어색한 상황이 만들어진다.

비유란, 내가 자주 사용하는 말이나 내 일상에서 가까이 있는 대상을 활용할 때, 새롭고 신선하다. 우리가 상투적으로 쓰는 비유들은 현실과 동떨어진 경우가 많기 때문이다. 가령, 갑자기 비가 쏟아질 때, "하늘에 구멍이 났나?"라는 비유는 익숙하다. 뻔해서 어떠한 의미도 없다. 회사의 창가에 있는 블라인드를 내리면서, "비가 블라인드 내려오듯 주룩주룩 내리네요."라고 말한다면? 말하는 사람도 듣는 사람도 유쾌한, 비 오는 사무실 분위기를 만들 수 있다.

수학 교사가 "여러분을 인수분해하면, 좋은 사람이라는 인수가 많이 나올까요? 나쁜 사람이라는 인수가 많이 나올까요?"라는 비유를 썼을 때, 야근 중인 직장 상사가 라면을 먹으면서, "이번 프로젝트 너무 상심하지 마, 매운맛을 한 번 겪은 사람들은 나중에 어떠한 일이 생겨도 그냥 진라면 순한 맛이야."라는 비유를 썼을 때가 가장 좋은 비유이다.

음식이란 원산지에서 먹을 때 가장 맛이 좋다. 재료가 싱싱하기 때문이다. 그래서, 지역의 관광 명소에는 그 지역의 특산물을 재료로 요리하는 집이 맛집으로 통한다. 관광 명소에 가서 유명 프랜차이즈 음식점을 찾는 이는 없다. 마찬가지로, 가장 싱싱한 그래서 가장 유쾌하고 의미 있는 언어는 바로 지금 우리가 보고 있는 대상이고 우리가 쓰는 말이다.

신경써서 듣고 생각하며 말하고

## 대화가 끝나면 머릿속에 계속 맴도는 그 문장

······

**할머니는 왜 급히 택배를 보내라고 하는 것일까?**

최근 할머니가 이상하다고 생각한 것은 나뿐만이 아니었다. 그녀는 평생을 두고 한 번도 하지 않던 행동을 하기 시작했다. 여태껏 작은 것 하나라도 자식들에게 해달라고 요구한 적이 없었던 할머니였다. 그런 할머니가 어느 날 격양된 목소리로 나의 아버지에게 전화를 했다. 휴대폰 너머로 그녀의 씩씩대는 소리가 들릴 정도였다.

"집에 빨랫비누가 다 떨어졌으니. 당장에 택배로 보내라."

"아버지 기일이 얼마 안 남았는데 그때 필요한 것 한 번에 사 갈게요."

"글쎄. 빨랫비누가 다 떨어졌다니까? 택배로 보내라."

"예전에 사드린 세제는 있지 않아요? 일단 그거 쓰면 안 돼요?"

"빨랫비누를 보내라. 택배로 보내라."

결국 아버지는 전화를 끊자마자 편의점으로 가서 빨랫비누를 여러 장 택배로 부쳤다. 할머니는 일주일에 한 번은 꼭 전화가 왔다. "택배로 물건을 보내라."라고 닦달을 했다. 그렇게 급한 물건이 아닌 것 같은데도 택배를 보내라고 성화였다. 나의 부모님은 당황스러워하면서도, 할머니의 요구대로 택배를 보냈다. 이후로도 그녀는 전화를 해왔다. 이번 주가 빨랫비누였다면, 다음 주에는 휴지였다. 그다음 주는 대야였다.

1년에 한 번 울릴까 말까 한 구형 집 전화가 할머니의 성화로 자주 울렸다. 그때마다 할머니는 "택배로 물건을 보내라."라는 말을 반복했다. 따르르르릉. 이제는 전화벨 소리만 들어도, 할머니가 귓가에 큰 목소리로 택배로 물건을 보내라고 말하는 착각이 들었다. 도대체 할머니는 왜 택배를 보내라고 하는 것일까?

위 이야기에서 반복되는 문장이 있다. "택배로 보내라." 할머니는 자식들에게 예전에는 전혀 하지 않던 말을 반복한다. 한두 번이라면 그리 주목할 만한 것이 아니지만, 위 이야기에서는 한 문단에도 여러 번 언급된다. 이야기를 모두 들은 후에, 자연스럽게 중얼거리게 되는 문장이 있다. '왜 할머니는 택배를 보내라고 하지?'

알파벳을 처음 배울 때, 리듬에 얹어서 학습을 돕는다. '에이 비이 씨이 디이~♫' 수업이 끝나고도 아이들은 반복된 마디에서 느껴지는 리듬을 자연스럽게 따라 부른다. 일정한 주기로 반복되는 가사에서 흥겨움을 느낀다. 성인이 되고 나서도, 종이로 된 영어 사전을 찾을 때, 알파벳 노래를 중얼거린다.

한글 자모의 순서도 마찬가지이다. 모음 순서를 헷갈리는 성인보다, 자음 순서를 헷갈리는 사람 숫자가 눈에 띄게 적다. 나이가 많은 사람은 자음 글자의 순서를 헷갈리는 사람이 거의 없다. 이유는 송창식 가수의 〈가나다라〉 때문이다. 1980년에 나온 이 노래를 들어본 적이 있는 사람은 자음 순서를 헷갈리지 않는다.

'가나다라마바사 아자차카타파하 에헤 해 으헤으헤 으허허♫'

상대에게 오랜 시간 동안 기억에 남는 유쾌한 문장을 말하고 싶다면, 반복하면 된다. 이때 반복은 인위적인 되풀이가 아니라, 말 호흡에서의 자연스러운 반복인 리듬과 말 자체가 만드는 반복인 라임이다. 대화가 끝난 후에, 자연스럽게 중얼거리게 만드는 문장은 리듬과 라임이 있는 문장이다.


## 우리 삶이 리드미컬해진다면 어떨까
· · · · ·

### 어머니는 외할아버지 묘에서 리듬을 탔다

가끔 어머니를 꿈속에서 만난다. 그 꿈은 흑백에 무성 영화였다. 아무 소리도 들리지 않고, 무표정으로 어머니는 식당에서 집에서 계속 설거지를 하고 청소를 반복한다. 흡사, 찰리 채플린 주연의 〈모던 타임즈〉 같다. 아, 물론 현실의 어머니는 건강하게 살아 계신다. 여전히 집안일을 도맡아 하시며, 요양보호사로 일을 계속하고 있다.

나의 어머니는 시간적으로 경제적으로 여유 없이 살았다. 소녀 시절의 방직공부터 노년 시절의 요양보호사까지, 일만 하신 나의 어머니는 내가 안정된 직장을 가져도 일을 그만두지 않으셨다. 나의 어머니는 원래 그런 분이셨다. 그러니 현실에서의 어머니가 아무리 밝고 힘차도, 오랜 기억 속 어머니의 모습이 무의식에 있었던 것이다. 그것이 자꾸 꿈으로 나왔다.

내가 결혼을 하고, 나의 아이가 태어나고, 아이가 초등학교에 입학했을 때였다. 매년 같은 날에 외가 친척들은 외할아버지의 묘소에서 제사를 지냈다. 제사를 마치고 우리는 산등성을 걸어 내려오고 있었다. 거기에서 나는 뮤지컬의 한 장면 같은 어머니의 모습을 봤다. 그날 이후 나는 어두운 꿈을 꾸지 않았다.

그 장면은, 내가 40년 동안 한 번도 보지 못한 어머니의 리드미컬한 발재간을 본 순간이었다. 충격적이었다. 옆에 이모들의 팔짱이 아니라면, 벌써 하늘로 날아갔을 듯한 가벼운 발재간이었다. 신기하게도, 나의 어머니는 그 발재간으로 어머니의 아버지에게 말하고 있는 것 같았다.

'아버지, 내 이만큼 가정 잘 이루고 자식 떳떳하게 키워서 손주까지 봤어요. 아버지 딸 자랑스럽다 아입니까?'

윗글에 나오는 '나의 어머니'는 평생을 일하며 살았다. 가정에 조금이라도 보탬이 되기 위해 소녀 시절에는 공장에 나가 외삼촌의 학비를 댔다. 자식들 메이커 신발 한 켤레 사 주겠다고 밤늦게까지 식당 구정물에 손을 담갔다. 장녀와 어머니라면 당연히 그래야 하는 것처럼 평생 일했다.

그런 어머니의 모습을 보면서 자란 나였기에, 안정된 직장을 갖고 나서는 어머니가 일을 그만두기를 바랐을 것이다. 하지만, 어머니는 여전히 일을 했다. 여태 내가 가졌던 어머니에 대한 미안한 마음과 안타까운 심정이 무의식에 있다. 그래서 심신이 무장해제되는 밤이면, 깊은 밤이면 흑백의 무성 영화 같은 어머니의 꿈을 꾸는 것이다. 무겁고 차갑게 슬픈 이야기이다.

이것이 완전히 뒤집히는 사건이 일어난다. 바로 나의 외할아버지의 묘에서 어머니가 보인 리드미컬한 발재간을 본 것이다. 나의 어머니는 마지막 자식인 내가 가정을 오롯이 이루고 나서야 평생의 그 의무를 다했다고 생각했을 것이다. 그리고. 그것을 확인한 순간인 외할아버지의 묘소에서 보란 듯이 리드미컬한 발걸음을 보여 준 것이다.

실제로 나의 어머니가 이러한 생각을 했는지는 알 수 없고, 사실 그러지 않았을 것으로 생각한다. 어머니는 그냥 손주가 귀여워서 이모들이랑 만난 게 좋아서 가볍게 총총 걸었을 수도 있다. 하지만, 어머니의 힘든 삶을 40년간 지켜본 나는 춤추듯 내려가는 어머니의 뒷모습을 평생의 무거운 임무를 모두 해결한 사람의 발재간으로 본다. 내가 그 임무에 일조한 듯싶다는 생각이 들어 죄송하고 뿌듯할 뿐이다.

## 삶을 리드미컬하게 만드는 '확실한' 방법
·····

### 어떤 상황이든 음악과 춤을 찾아서 모이는 사람들

토요일 새벽 2시 힙합 클럽 앞에, 20대 남자들과 여자들이 각자의 빛깔을 뽐내며 줄을 서고 있다. 인기 아이돌 BTS 멤버들처럼 가꾼 남자들이 무리 지어 담배를 피우며 간지를 내뿜고 있다. 여자들은 여신으로 불리는 블랙핑크의 멤버들처럼 삼삼오오 아름다움을 풍기고 있다. 이들은 평일의 단조로운 캠퍼스 라이프를 벗어나 리듬을 온몸으로 느끼기 위해 클럽을 찾는다.

유례없는 돌림병에도 수강생 타격이 가장 적은 곳이 댄스 학원이다. 새벽반부터 시작해서 초등학교 교사들을 위한 17시 수업, 공무원을 위한 18시 30분 수업, 일반 직장인을 위한 20시, 21시, 22시 수업이 있다. 백댄서나 가수가 되려는 것도 아닌데, 직장인들이 이렇게도 댄스 학원을 다니는 이유는 하나다. 살아 있는 느낌이 들기 때문이다.

직장인들의 일과 시간인 9시부터 16시까지는 전업주부나 프리랜서를 위한 줌바 댄스 강좌가 있다. 파이팅이 넘치고 친절한 강사의 타임은 개강일에 마감된다. 창문이 흔들릴 정도의 큰 드럼 비트의 음악에 "하나 둘, 하나 둘"을 외치는 강사의 힘찬 목소리가 더해지면, 바이오리듬이 살아나는 활력을 얻는다.

사람들 중에는 그 성향상, 과격한 움직임을 좋아하지 않는 이들이 있다. 이들은 시끄러운 힙합 클럽이나 댄스 학원에 다니는 대신, 재즈 카페나 콘서트를 가거나 음악 학원을 다닌다. 몸으로 리듬을 느끼는 것이 아니라, 노래를 듣거나 부름으로써 삶의 바이오리듬을 언어의 라임을 즐긴다.

음악과 춤은 리드미컬하다. 춤을 배우고 즐기거나, 콘서트에 가서 음악을 듣거나, 악기 레슨을 받고 합창단에 가입한다면, 우리의 삶은 금세 리드미컬해진다. 음악과 춤이 가득한 삶. 생각만 해도 어깨 바운스가 울렁인다. 윗글의 젊은이들이 밤을 새워가며 클럽을 찾고, 나이가 있는 중년의 어른까지 춤을 함께 추는 이유이다.

음악과 춤으로 삶을 리드미컬하게 만드는 방법은 확실하지만 실제로 시도하기는 힘들다. 프리랜서나 연금 급여자가 아닌 이상 시간을 꾸준히 내기 어렵기 때문이다. 우리는 빡빡한 회사 일정을 순연하려면, 기초 체력이 있어야 한다. 이를 위해서 하루의 꽤 많은 시간은 쉬어야 한다. 그리고 일정 시간은 운동을 해야 한다.

그리고 나만을 위한 시간뿐만 아니라, 다른 이들과 함께하는 시간도 필요하다. 좋은 인맥을 만들지 않으면, 언젠가 내가 추락했을 때 나를 끌어줄 사람이 없다. 인맥을 만들고 지키기 위해 수많은 모임에도 나가야 하는 것이다. 무엇보다도, 사랑하는 가족들과의 지금 이 시간은 다시 오지 않기에 많은 가족들과의 대화나 관찰의 시간도 있어야 한다.

그래서, 클럽을 찾는 젊은이들은 정말로 많고 줌바 댄스를 배우는 전업주부들 또한 꽤 많지만, 직장인 중에 댄스를 배우는 사람은 상대적으로 적은 편이다. 적극적으로 배우려는 이들도 긴 시간 동안 꾸준하게 나오는 경우는 찾기 힘들다. 우리의 삶의 리듬을 활력 있게 해주는 가장 확실한 방법이지만 가장 실천하기 힘든 방법이다.


## 삶을 리드미컬하게 만드는 '현실적인' 방법
· · · · ·

### 노래도 못하고, 춤은 더 못 추지만, 경쾌한 사람

그는 회식 때마다, 곤혹스러운 일을 자주 겪는다. 1차로 삼겹살집에서 고기를 먹고 술을 마실 때는 참으로 즐겁지만, 2차 노래방이 문제다. 가끔 3차로 밤과 음악 사이 같은 직장인을 위한 댄스 클럽을 가면 정말로 달아나고 싶다. 동료들은 그가 노래를 잘하는 줄 알고 마이크를 넘긴다. 분위기를 깨고 싶지 않아 노래를 하면, 다들 웃음을 참으며 다른 곳을 본다.

밤과 음악 사이에서 춤을 출 때는 더하다. 팀에서 젊은 나이인 그가 당연히 춤을 잘 출 줄 알고 둥글게 만든 원에 밀어 넣는다. 그가 할 수 있는 춤사위는 어깨와 고개를 까딱이는 것 정도뿐이다. 그것도 박자에 정확하게 맞지 않고 반 박자 늦다. 이미 가운데에 있는 그를 끄집어내지는 못하고, 그렇다고 함께 들어오지는 않고 진퇴양난의 상황이다.

그가 노래를 잘하는 사람처럼 보이고, 춤을 잘 추는 사람처럼 보이는 이유는 그가 평소에 하는 대화 습관 때문이다. 그는 말을 할 때, 한 호흡의 단위에 비슷한 글자 수를 넣어 말한다. 문장 성분에 비슷한 의미의 단어를 반복해서 맞춘다. 듣는 사람 입장에서는 그것이 자연스럽게 노랫말을 읊조리는 것처럼 들린다. 경쾌하게 들리는 것이다.

직장인 재테크로 주식이 광풍처럼 주목받을 때, 다른 직장 동료들이 "이제 주식밖에 없다니까요. 주식해서 돈 모아서 부동산 사야죠."라고 말한다. 같은 말인데, 그는 "꿈, 부자가 되고 싶은 꿈, 드림. 이제 주식밖에 없다니까요."라고 말한다. 대화를 리드미컬하게 만드는 그는 경쾌한 사람이라는 생각을 할 수밖에 없는 것이다.

그런데, 리듬은 음악과 춤에서만 발견할 수 있는 것이 아니다. 우리의 일상에도 있다. 날카로운 바람은 피아노 소리처럼 들린다. 프로젝트 결과를 확인하기 전 마음은 북소리의 진동으로 울린다. 추운 겨울 사람들이 통근 버스를 기다리며 콩콩 뛰는 모습은 셔플 댄스의 도입이며, 아침에 먹는 시원한 커피 한 잔에 바짝 드는 정신은 바이올린 현의 떨림이다.

우리의 삶을 리드미컬하게 만드는 현실적인 방법은 이러한 삶의 운율을 말과 글에 담으려 노력하는 것이다. 위 이야기의 '그'는 노래도 못하고 춤은 더 못 추지만 사람들은 그를 경쾌한 사람이라고 생각한다. 그는 말할 때, 리듬과 라임을 살려 말하기 때문이다. 또한 그는 분명히 다른 사람들의 말에서 삶의 운율을 찾으려 노력할 것이다.

리듬은 율격이다. 노래를 들으면 자연스럽게 리듬감이 느껴진다. 음의 높낮이와 마디가 만드는 규칙적인 반복이 리듬이다. 춤 역시 일정한 호흡 마디로 반복되어 리듬이 생긴다. 이를 잘 담으면 좋은 노래와 춤사위가 된다. 라임은 운이다. 비슷한 위치에서 글자가 반복됨으로써 리드미컬한 느낌을 준다. 외국 가수로는 에미넴이, 한국 가수로는 비와이가 잘 활용한다. 현실에서 이를 잘 담아 말하면 위트 있는 유쾌한 사람이 된다.

일상에서 꾸준히 할 수 있어야 하고, 짧은 노력과 시간으로 할 수 있는 것이어야 우리는 지치지 않고 이어나갈 수 있다. 그런 점에서 말과 글에 리듬과 라임을 담고, 다른 사람들의 말과 글에서 리듬을 발견하는 것은 우리의 삶을 쉽게 리드미컬하게 만드는 현실적인 방법이다.

# 일상에서 말에 리듬과 라임은 어떻게 넣으면 좋을까
·····

## 고깃집 희부연 연기 속, 아내를 기쁘게 한 그 말

오늘 아내와의 저녁은, 요즘 유행하는 돼지갈비 무한리필 음식점에서 해결하기로 했다. 나는 패밀리 레스토랑에서 고기를 썰고 싶었지만, 아내는 곧 다가올 명절이 부담되는지 저렴하게 해결하고자 했다. 발간 숯이 놓이고, 바쁜 직원들이 고기를 순서대로 가져다주고 있었다. 얼핏 둘러봐도 5분은 있어야 고기가 올 성싶었다. 그때, 완전하게 연소되지 않은 숯에서 연기가 뿜어져 나왔다.

아내는 연기를 뒤집어쓰면서 미간을 찌푸린다. 나는 그 모습에 마음이 아팠다. 그깟 몇만 원이 뭐길래. 한없이 무거워지는 분위기를 바꾸고 싶었다. 평소였다면, 환풍기를 바로 숯불에 대고 연기를 뺐겠지만, 나는 오늘부터 일상에서 말과 글에 리듬과 라임을 넣기로 한 사람이다. 연기 너머로 희부옇게 보이는 아내에게 또박또박 말한다.

"불가피하게 불타오르는 나의 심장은 당신을 향한 연기가 되어."

내 이야기를 듣던 아내는 "방금 한 이야기 뭐야? 다시 한번 말해봐."라고 말한다. 이미 찌푸려진 미간은 부드럽게 펴진 상태였다. 이번에는 더 잘 알아들을 수 있도록 다섯 글자 단위로 호흡을 끊고, '불'이라는 단어에 힘을 줘서 말한다.

불가피하게
불타오르는
나의 심장은
당신을 향한
연기가 되어

의도적으로 강조한 호흡과 글자 때문에 아내는 까르르 자지러진다. 나 또한 그 모습에 함박웃음이 지어진다. 우울하고 무거웠던 무한리필 고깃집에서의 분위기가 경쾌하고 활기 넘치는 대화로 완전히 뒤바뀌었다. 아내는 "불판 위에는 불가피하게 양념돼지가 지글거리며 익고 있네요."라면서 재치 있게 내 말을 받아쳤다.

뜬금없지만, 어색하지만, 연습이 중요하다. 자주 하다 보면 능숙하고 정교해진다. 익숙한 멜로디에 얹어 부르면 더욱 좋다. 그러면 자연스러운 리듬이 느껴진다. 물론 위 이야기에서 '나'의 문장은 그냥 읽어도 리드미컬하다. 한 마디에 들어가는 글자 수가 다섯 글자로 일정하게 반복되기 때문이다. 리듬, 국어 시간에는 율격으로 배웠다.

거기에 맨 앞에 들어가는 '불'이라는 글자의 반복을 통해 리드미컬한 느낌이 더해진다. 첫 글자를 반복하면서 두음을 맞춘 것이다. 또한 심장'은'과 향'한'이라는 마지막 글자를 비슷하게 반복하는 각운을 맞췄다. 래퍼들이 잘 사용하는 라임이다.

"불가피하게 / 불타오르는 / 나의 심장은 / 당신을 향한 / 연기가 되어."

우리의 일상은 바이오리듬이라고 불리는 특유의 운율이 있다. 이는 직장에서 일할 때도 그렇고, 동료들과 대화를 나눌 때도, 집에서 쉴 때도 모두 해당한다. 그래서 예전에는 일할 때 부르는 '노동요'가 있었고, 쉴 때 부르는 '한정가'가 있었다. 일상의 말에 리듬과 라임을 넣는 것이 자연스러운 이유이다.

이런 일상의 언어에서 운율을 살리는 것은, 위 이야기의 '나'와 '아내'처럼 무겁고 울적한 분위기를 한 번에 뒤집을 수 있다. 우리가 살면서 겪는 대부분의 우울한 일들은 분위기를 바꿈으로써 뒤집을 수 있기 때문이다. 기분이 좋지 않을 때는 햇볕을 쬐라는 말은, 밖에 나가서 바람의 리듬과 사람들의 반복되는 발걸음에서 라임을 느끼라는 것이다. 그때 잊었던 우리 삶의 바이오리듬이 환기된다.


## 생각한 뒤 말하고 생각하며 듣고
· · · · ·

생각하고 말해야 한다. 생각하며 들어야 한다. 어려운 말처럼 들리지만, 신경 써서 말하고 들으면 할 수 있다. 수학 영재, 과학 영재,

외국어 영재는 익히 듣는다. 하지만, '표현 영재', '작가 영재', '리드미컬하게 말하기 영재'는 들어 본 적이 없다. 확신하는데 앞으로도 이런 영재는 없다.

말과 글은 지속적으로 신경을 씀에 따라 쉽게 좋아진다. 오랫동안 대화법과 글쓰기를 가르치면서 드는 과목에 대한 자부심은, 이 영역은 자주 신경 쓰고 많이 생각하면 월등히 좋아진다는 점이다. 말을 생각해서 리드미컬하게 하려고 노력하기, 다른 이의 말과 글에서 리드미컬한 부분 생각해 보기. 우리 모두 할 수 있다.

운율을 살려서 말하는 것이 익숙하지 않다거나, 경쾌하게 말하는 사람을 볼 때 스스로가 어색한 느낌이 든다면, 당장 주변에 귀를 기울여 보자. 지금 있는 곳 주변에 도로가 있다면, 지나가는 차 소리를 들으면서 일정하게 반복되는 리듬을 느낄 수 있다. 주변에 공원이 있다면, 운동하는 사람들의 모습에서 무엇인가 두근거리는 것이 느껴질 것이다. 지금 회사라면, 반복되는 키보드 타자음에 고갯짓을 하게 될 것이다.

같은 이야기를 하는 사람이라도, 잘 들을 수 있게 말을 하는 사람이 있다. 그 사람은 우리에게 자연스러운 리듬과 라임으로 말하는 습관이 있다. 말솜씨가 좋은 그는 타고난 것이 아니라, 말 한마디 할 때도 생각을 해서 하는 것이다. 말 한마디 들을 때도 생각을 해서 드는 것이다. 이런 경험이 쌓이다 보니 자연스럽게 의식하지 않아도 좋은 말솜씨가 나오는 것이다.

## 음성상징어
### 지루한 일상에 확실한 심폐소생술

### 살아 숨 쉬는 문장은 어떻게 만드는 것인가
· · · · ·

글 1
_____

나보다 늦게 입사한 후배가 하는 프로젝트가 매우 성공적으로 진행되고 있었다. 축하할 일이지만, 내 프로젝트가 뒤집혀 원점으로 돌아간 것을 생각하면 가슴이 아팠다. 갑자기 입술이 떨렸다. 가슴이 쑤시고 심장이 뛰었다. 오늘 밤에도 편하게 잠을 이루기는 이미 틀렸다. 잠이 오지 않는 밤은 같은 시간의 낮보다 훨씬 더디다. 해가 떠도 잠을 잘 수 없기 때문이다.

그럴 리 없겠지만, 나보다 후배가 먼저 과장을 다는 것은 아니겠지, 하는 두려운 생각이 들었다. 이런 비현실적인 고민으로 잠을 제대로 못 이룬 지 일주일째였다. 새벽에 떨어지는 비가 너무도 세차 창문을 흔들었다. 오늘은 날씨까지 제대로구먼, 몇 번 더 뒤척이지도 못하고 침대에서 일어나 샤워를 하러 갔다. 샤워기에서 떨어지는 물에 머리를 감는데, 머리카락 뭉텅이가 힘없이 떨어져 발등에 산등성이를 이뤘다.

이를 갈았다. 이번 프로젝트를 반드시 성공하고 병원에 가야겠다는 생각을 했다.

## 글 2

나보다 늦게 입사한 후배가 하는 프로젝트가 매우 성공적으로 진행되고 있었다. 축하할 일이지만, 내 프로젝트가 뒤집혀 원점으로 돌아간 것을 생각하면 가슴이 아팠다. 갑자기 입술이 '파르르' 떨렸다. 가슴이 '콕콕' 쑤시고, 심장은 '쿵쿵' 뛰었다. 오늘 밤에도 편하게 잠을 이루기는 이미 틀렸다. 잠이 오지 않는 밤은 같은 시간의 낮보다 훨씬 더디다. 해가 떠도 잠을 잘 수 없기 때문이다.

그럴 리 없겠지만, 나보다 후배가 먼저 과장을 다는 것은 아니겠지, 하는 두려운 생각이 들었다. 이런 비현실적인 고민으로 잠을 제대로 못 이룬 지 일주일째였다. 새벽에 '후드득' 떨어지는 비가 너무도 세차 창문을 흔들었다. 오늘은 날씨까지 제대로구먼, 몇 번 더 뒤척이지도 못하고 침대에서 일어나 샤워를 하러 갔다. 샤워기에서 떨어지는 물에 머리를 감는데, 머리카락 뭉텅이가 힘없이 '후드득' 떨어져 발등에 산등성이를 이뤘다.

> '바드득' 이를 갈았다. 이번 프로젝트를 반드시 성공하고 병
> 원에 가야겠다는 생각을 했다.

'팔딱팔딱' 살아 숨 쉬는 듯한 말을 하고 싶다면, 말에서 스스로 소리가 나오도록 하면 된다. 부자연스러운 기계음이 아닌 자연스러운 말과 글의 소리를 내게 하면 된다. 말과 글이 스스로 내는 소리는 '상징 부사어', '음성 상징어', '의성 의태어'로 달리 불리지만, 같은 말이다. 최근에는 국어 교과서를 중심으로 '음성 상징어'로 용어를 통일하고 있다.

위의 '글 1'과 '글 2'는 플롯만 보면 같은 내용이지만, 들을 때의 결이 다르다. 글 1이 나무 무늬를 흉내 낸 장판 바닥 같은 말이라면, 글 2는 진짜 나무 무늿결을 지닌 통나무 바닥이다. 진짜 통나무에서 은은한 향기가 나는 것처럼, 글 2에서 '나'의 진솔한 감정과 절박하고도 불안한 심리가 절절하게 드러난다.

'콕콕 쑤시는 가슴'을 가진 심약한 글쓴이는 '심장이 쿵쿵' 뛸 만큼의 불안감을 생생하게 드러낸다. '새벽에 후드득 떨어지는 비'는 '머리카락 뭉텅이가 힘없이 후드득' 떨어지는 것과 오버랩되며, 이때 '바드득 이 가는 소리'는 바로 옆에서 누군가 말하는 것 같다. 실제의 장면을 옮겨 놓은 것과 같은 효과가 있다.

글 2는 살아 있는 글이다. 내용만 기록한 것이 아니라, 당사자에게 이야기를 그대로 전해 듣는 것이다. '그대로', '살아 있게' 만들어 주는 언어적 장치인 음성 상징어를 사용했기 때문이다. 우리의 진짜

삶 또한 가슴은 그냥 아픈 것이 아니라 콕콕 쑤시며, 심장은 그냥 뛰는 것이 아니라 콩콩 뛰는 것이다.

## 죽은 말과 살아 숨 쉬는 말을 가르는 음성 상징어
·····

**현실 웃음이 새어 나오는 노홍철을 묘사하는 문장은?**

아내와 나는 새벽에 헬스클럽을 가는 것을 좋아한다. 사람이 아무도 없기에, 큰 음악 소리도 들리지 않는다. 아내와 내가 러닝머신을 뛰면서 유일하게 듣는 소리는 티브이 프로그램 〈무한도전〉 재방송이다. 이미 수차례 봤지만, 여전히 재밌고 유쾌하다. 아내는 정말 웃긴 장면에서는 러닝머신을 멈추고 자지러지기도 한다.

오늘은 〈무한도전〉 방콕특집이 방송되고 있었다. 어떠한 상황에서도 웃지 않는 것이 이번 장면의 도전 과제이다. 막내 김윤의 작가가 자신만의 관점으로 해석한 춤을 춘다. 노홍철을 제외한 다른 멤버들은 이미 웃음에 굴복했다. 화면의 구석에 언뜻 비치는 김태호 피디의 만족스러운 미소가 아내와 나를 더 즐겁게 했다.

노홍철만 남은 상황. 막내 작가는 비장의 무기로 샤이니의 춤을 춘다. 샤이니가 저런 춤을 췄었나 싶을 정도로 무지막지한

캉캉 춤을 춘다. 예상치 못한 작가의 독특한 춤사위에 나와 아내는 러닝머신 위에서 위태롭게 꺄르륵 자지러졌다. 화면 속 노홍철은 웃음을 겨우 참으려 하지만 이미 웃음이 새어 나오고 있다.

여기서 문제. 현실 웃음이 새어 나오는 노홍철을 묘사하는 문장은?

1번 노홍철이 그 춤을 보고 웃는다.

2번 노홍철이 그 춤을 보고 씰룩 씰룩 웃는다.

결론부터 이야기하자면, 정답은 2번이다. 1번은 문장만 봤을 때, 노홍철이 분위기를 맞추기 위해 웃는 방송용 웃음이라는 생각이 든다. 2번은 문장만 보더라도, 방송용 웃음이 아닌 현실 웃음처럼 느껴진다. 두 문장의 차이는 음성 상징어이다. '현실적', '생생한', '살아 있는' 표현을 가능하게 하는 것이 바로, 음성 상징어이다.

그 모습을 보고 자지러지는 '나'와 '아내'의 모습 역시, "러닝머신을 뛰는 나와 아내가 자지러졌다."가 아니라 "러닝머신을 뛰는 나와 아내가 꺄르륵 자지러졌다."가 더 정확한 문장이다. 사람을 묘사하고 삶을 드러내는 것이 언어이므로, 실제의 사람과 삶을 표현하려면 살아 있는 음성 상징어를 사용하는 것이 자연스럽다.

음성 상징어를 가장 잘 활용하는 사람은, 아이들이다. "태양이 눈이 부시게 내리쬐는 무진장 더운 여름날이다."가 어른들이 쓰는 죽은 말이라면, 아이들은 "해님이랑 땅바닥이랑 누가 더 부글부글 끓는지 경쟁하고 있다."로 살아 숨 쉬는 말을 한다. 태양과 땅바닥이 경쟁한다는 발상이 신선하고, 뒤에 나오는 '부글부글'이라는 음성 상징어는 놀랍게도 생동감 있다.

아이들은 말을 애써 꾸미려 하지 않는다. 아이들은 있어 보이는 말을 외워서 하지 않는다. 아이들은 다른 사람들이 뻔하게 하는 말인 '죽은 말'을 하지 않는다. 아이들끼리의 대화를, 성인인 내가 들으면, 나는 다른 세계에 혼자 떨어진 것처럼 낯설다. 하지만 신선하다. 아이들의 말은 살아서 튀는 물고기 같다.


## 억지스럽게 끼워 넣은 것이 가장 좋은 표현
· · · · ·

말과 글은 신경 써서 사용하지 않으면 아무렇게나 되어 버리고 버려진다. '아무런 말'을 하고 싶어 하는 사람은 아무도 없다. '아무런 말'은 '없어도 되는 말'이고, 이는 '살아 있지 않은 말'이다. 이를 상투적인 표현이라고도 가리킨다. 너무도 뻔해서 아무도 신경 쓰지 않는 말이기에 대화를 금방 지루하게 만든다.

말을 살리고 싶다면, 음성 상징어를 활용하면 된다. 억지스러운 느낌이 들어도 끼워 넣는다. 인공호흡을 하듯 억지로 불어넣는다. 그러면, 신기하게도 언어는 살아난다. 익숙하지 않은 표현이 가장 좋은 표현이다. 상투적인 표현이 아니라 상상 속의 표현이 실제로 언어화가 된 것이다.

새벽에 후드득 떨어지는 비가 너무도 세차 창문을 흔든다. 잠은 다 잤구먼, 몇 번 더 뒤척이지도 못하고 침대에서 일어나 샤워를 하러 간다. 샤워기에서 떨어지는 물에 샴푸로 머리를 감는데, 머리카락 뭉텅이가 힘없이 후드득 떨어져 발등에 산등성이를 이뤘다.

"머리카락이 후드득 떨어져 발등에 산등성이를 이뤘다."에서 '후드득'은 빗방울이 떨어질 때 사용하는 음성 상징어이다. 억지스럽게 머리카락이 떨어지는 문장에 넣었는데, 표현이 새롭고 재미있다. 이유는 앞에 "새벽에 후드득 떨어지는 비가 너무도 세차 창문을 흔든다."의 상황이 있기 때문이다.

## 언제든 콧노래 부를 수 있는 삶을 사는 방법
. . . . .

### 평소 내가 생각하는 나의 모습은

직장인이 되고 난 후, 10년이 지났다. 이제는 삶의 패턴이, 마치 타석에 들어선 프로야구 타자처럼 일정한 루틴이 만들어졌다. 장례식이나 늦은 회식으로 가끔씩 어긋나는 경우도 있지만, 곧 다시 돌아온다. 나의 반복되는 일상은 시간을 벌어다 준다. 그렇게 번 시간을, 여태 하지 못했던 부모님에 대한 효

도와 가족들에 대한 관심으로 채우려 한다.

새벽 4시 30분, 알람이 울린다. 층간 소음에 취약한 옛날 아파트이기에 긴 시간 울리지 않도록 곧바로 조치를 해야 한다. 휴대폰을 찾아 알람을 끄고, 아파트 천장의 led 전구를 켠다. 갑자기 눈앞에 태양이 떠오른 듯한 밝은 빛에 정신이 든다. 화장실로 가서 세수를 하고 커피를 내린다. 커피를 마시고, 집에서 10분 거리에 있는 헬스클럽으로 간다. 운동을 하고, 샤워를 마친 후 출근을 준비한다. 출근길에는 버스를 기다리고 팟캐스트를 켜고 책을 편다.

아침의 일정을 적었을 뿐인데, 밋밋하기 그지없다. 아직 공연이 시작하기 전의 연극무대처럼 어두침침하고 조용하다. 대학 시절의 말도 안 되는 분주함이 떠오른다. 그때는 드라마를 틀어 놓고 잠들고, 아침에 일어나자마자 스피커로 당시 대중가요를 크게 틀어 놓았다. 시간을 아낄 필요가 없었다. 그 시간을 즐기면 됐다.

앞으로 이렇게 계속 살아야 한다는 것에 조금의 음울과 큰 건조함을 느꼈다. 가정을 이룬 직장인들의 삶이 모두 그러하겠지만, 인간 군상의 행태는 세대별로 너무도 비슷하다. 앞으로 아이가 자라면 더 반복적으로 생활을 쪼개어 살아야 한다는 생각에 가슴이 답답해지기도 한다.

위 이야기의 '나'는 평소 아침에 휴대폰 알람을 끄고, 세수를 하고, 커피를 마시고, 운동을 하고, 버스를 기다리고, 팟캐스트를 틀고, 책을 편다. 출근하기 전까지의 루틴이다. 평소의 내 삶은 목적어만 있는 삶이다. 내가(주어) 하는 모든 행동(서술어)은 무엇(목적어)을 위한 것이다. 무엇인가를 위해 내 삶이 짜인 것이다.

나는 안정적인 직장생활 유지를 위해, 가족의 평안을 위해, '알람을 끄는 것'부터 '책을 펴는 것'까지를 그냥 하는 것이다. 그래서, 그냥 살지 않았던, 재미있는 것만 골라서 자기 마음대로 하던 주체적인 삶이었던 대학 시절을 떠올리는 것이다. 동시에 앞으로 펼쳐질 음울하고 건조한 중장년의 삶에 답답함을 느낀다.

10년 차 직장인의 삶이 부모님의 용돈을 받아 쓰던 철없게 신나던 대학 시절과는 같을 수 없다. 삶의 주기마다 감당해야 할 과업이 있는 것이다. 하지만, 대학 시절이 지났다고, 내 삶이 없이 다른 어떤 것을 위한 삶을 살아야 한다는 것은 아니다. 언제라도 콧노래 부를 수 있는 삶을 사는 방법은, 언제라도 콧노래를 부르는 것이다.

"으으음음~ 흐흐흠흠♬" 콧노래를 부를수록 삶도 즐거워진다. 내 삶을 내가 사는 느낌이다. 이 콧노래가 삶의 곳곳에 자연스럽게 녹아들 때, 상황에 맞는 음성 상징어가 나온다. 행복하여 웃음이 나면, 신체에는 진통 전달 물질인 엔도르핀이 나와 아픔이 사라진다. 웃다 보면 행복해져, 같은 원리로 아프지 않다. 음성 상징어도 마찬가지이다. 쓰다 보면 자연스럽게 나온다.

## 조금 더 신경 썼을 뿐인데, 삶에 활력이 생긴다
· · · · ·

### 음성 상징어를 사용하는 진짜 나의 모습은

새벽 4시 30분, 알람이 따딴따다다다 울린다. 층간 소음에 취약한 옛날 아파트이기에 긴 시간 울리지 않도록 곧바로 조치를 해야 한다. 휴대폰을 찾아 알람을 끄고, 아파트 천장의 led 전구를 켠다. 파팟. 갑자기 눈앞에 태양이 떠오른 듯한 밝은 빛에 정신이 든다.

화장실로 가서 어정어정 세수를 하고 값싼 브라질 원두를 탬핑해 졸졸 내린 에스프레소를 마신다. 집에서 10분 거리에 있는 헬스클럽으로 간다. 운동을 하고, 샤워를 마친 후 출근을 준비한다. 우뚝 솟은 버스 표지판 기둥에 기대 팟캐스트가 나오는 이어폰을 한쪽 귓구멍에 척 꼽고 책을 편다.

아침의 일정을 적었을 뿐인데, 벌써부터 내일 아침을 맞이하고 싶다. 충일한 열정을 뿜어내는 무대의 주인공 같은 삶이다. 영화 〈라라랜드〉의 한 시퀀스가 떠오른다. 대학 시절의 말도 안 되는 분주함이 떠오른다. 그때는 드라마를 틀어 놓고 잠들고, 아침에 일어나자마자 스피커로 당시 대중가요를 크게 틀어 놓았다. 삶의 양상은 다르지만 활력 넘치는 것은 여전하다. 앞으로는 어떤 삶이 펼쳐질까 설렌다. 계속 이렇게 재밌게 살수 있다는 것에 큰 기쁨과 더 큰 감사함을 느낀다. 가정을 이론 직장인들의 삶이 모두 그러하겠지만, 인간 군상의 행태는 세대별로 너무도 비슷하다. 앞으로 아이가 태어나면, 어떤 활기찬 울음으로 아침을 시작할까 하는 행복한 상상을 한다.

진짜 우리의 삶은 위와 같다. 아무런 소리가 들리지 않을 것 같은 고요한 새벽조차도 많은 소리와 행동으로 가득 차 있다. 이를 언어화하면 음성 상징어인 것이다. 우리의 삶은 음성 상징어 가득한 삶이다. 뮤지컬 영화의 한 시퀀스가 실제 우리의 삶인 것이다. 생각만 해도 고갯짓을 하게 되는 활력 있는 삶이다. 우리가 아침에 일어나서 출근을 준비하는 것을 누군가 촬영하고 있다고 생각해보면 그냥 밋밋하게 보낼 수는 없는 것이다.

음성 상징어를 자주 사용하려 애를 쓸수록, 소리에 집중하게 된다. 평소라면 고개를 휙 돌리며 애써 외면하는 것들이 새롭게 눈에 들어온다. 사물의 모양과 사람들의 행동이 신선하게 느껴진다. 백색 소음처럼 아무런 의미를 주지 않는 소리들이 우리의 고막에서부터 심장까지 떨리게 만든다. 무엇보다, 나의 말과 행동에 리듬이 생긴다.

음성 상징어를 사용하면서부터, 평일의 나는 아침에 휴대폰의 알람 리듬에 맞춰 어정어정 세수를 하고, 값싼 브라질 원두를 탬핑해 졸졸 내린 에스프레소를 마시고, 우뚝 솟은 버스 표지판 기둥에 기대 팟캐스트가 나오는 이어폰을 한쪽 귓구멍에 척 꽂고 책을 편다.

무엇인가를 하는 것은 맞지만, 나는 그 무엇만을 위해서 내 삶을 살지는 않는다. 나는 스스로 삶의 리듬을 찾으며, 주체적으로, 활력 있게 그 순간을 즐긴다. 음성 상징어가 주는 삶의 활력이다. 말 몇 마디와 글 몇 마디를 더 했을 뿐인데, 행동에 힘이 붙는다. 음성 상징어의 힘이다.

## 낯설게 만들기, 음성 상징어와 여행의 공통점
· · · · ·

### 이래서 사람들이 여행을 다니는가 봐

나의 부모님은 내가 직장을 잡을 때까지는 해외를 한 번도 가보지 못하셨다. 저가 항공권으로 값싸게 다녀올 수 있었음에도, 결혼한 누나가 패키지여행을 결제해 준대도, "아직 우리 막내가 자리를 못 잡아서….'라는 이유였다. 나는 그때마다 고개를 숙였다. 그리고 부모님이 만족할 만한, 더 이상 걱정을 하지 않아도 될 만한 직장에 입사하기를 꿈꿨다.

"어떻게 이 회사에 들어올 생각을 했어?"

회사에 처음 출근한 날, 직원들이 묻는 말에 나는 부모님을 떠올렸다. 나 때문에 그 흔한 동남아시아도 한 번 가지 않은 부모님을 위해서 이 회사에 들어올 생각을 수도 없이 했노라고 말하고 싶었다. 하지만 너무 구구절절한 이야기는 인사치레로 말을 건네 직원들을 당황스럽게 할 수 있었다. "빨리 돈

벌어서 부모님 해외여행 보내드리고 싶어서요."라고만 대답
했다.

취업준비생 시절 내 이야기가 나올 때마다, 작아지는 부모님
의 목소리는 나의 가장 큰 취업 동기였다. 시간이 꽤 걸리긴
했지만 나는 꽤나 안정적인 직장에 취업을 한 것이다. 부모님
은 드디어 해외여행을 다녀오셨다. 또 다녀오셨다. 또또 다녀
오셨다. 해외에 잘 있냐고 안부를 물으면 부모님은 "이래서
사람들이 여행을 다니는가 봐. 너무 새롭고 신기하다."라고
말씀하신다.

그 모습이 신기하기도 하고 들떠 있는 부모님의 목소리를 전
화로 듣는 것만으로도 뿌듯한 마음이 들었다. 아직 해외여행
을 가 보지 못한 나에게는 그렇게 여행이 좋을까, 라는 생각이
들었다. 도대체 여행이란 무엇이길래, 이토록 새롭고 신기한
것일까?

우리가 여행을 가는 이유는, 평소에 보지 못하던 것들을 보고 듣
지 못하던 것을 듣기 위해서이다. 학창 시절 국어 교과서에서는 '견
문'이라고 배웠다. 견문은 우리의 식견을 넓혀 궁극적으로 우리를
키워준다. 윗글의 부모님이 새롭고 신기하다고 말하는 이유는, 여행
에서 새롭게 보고 신기하게 듣는, '견문' 때문이다.

'평소', '자주 쓰기에', '익숙한' 말들은 하는 사람도 듣는 사람도
지루하게 만든다. 뻔한 말들로 꾸역꾸역 나의 삶을 채우면, 내 삶도

뻔해진다. 신선함은 대형마트 신선코너에서나 찾을 수 있는 말이지, 내 인생의 수식어로는 어울리지 않는 말 같다. 여행을 가면 뻔한 내가 달라지는 것 같지만, 1년에 보름 남짓한 휴가를 써서 다녀온 여행의 여운은 한 달을 가지 않는다.

하지만, 매일 여행을 갈 수 있다면? 내 인생 자체가 여행이라면? 매일 새로운 곳을 보고 프레시한 소리를 들으며 삶은 풍성해질 것이다. 여행지에서 나는 낯설다. 여행지가 나를 낯설게 한다. 마찬가지로, 내가 평소에 쓰는 말에 음성 상징어를 한 개씩 넣는 것은 내가 쓰는 말을 낯설게 만든다. 보던 곳인데 새롭게 보이고 듣던 것인데 신선하게 들린다. 우리가 음성 상징어를 꾸역꾸역 끼워 넣어야 하는 이유이다.

후드득, 데굴데굴, 살랑살랑, 촘촘, **빽빽**, 난분분, 주룩주룩, 뚝뚝, 철철, 콜록콜록, 껑충, 타박타박, 멍멍, 우당탕, 대롱대롱, 총총, 송송, 도리도리, 질겅질겅, 으르렁콸콸, 설설. 내가 자주 쓰는 음성 상징어이다. 내 주변에서 자주 듣는 소리이며 보는 행동들이다. 자신의 주변에서 자주 접하는 소리와 모양이 가장 좋은 음성 상징어이다.

## 택배 좀 보내라는 할머니의 심정

할머니는 자존심이 강했다. 가족 간의 일상적인 대화에서도, '한 번 밀리면 끝이다!'라는 태도로 결사 항전하듯 쏘아붙였다. 윤회설이 맞는다면, 그녀의 전생은 고대 그리스의 소피스트일 것이다. 그녀는 자신의 전문 분야인 살림살이는 물론이고, 한 번도 접하지 못한 자동차의 고장에 대해서도 자신의 주장을 굽히지 않았다.

자식들 앞에서 말하기 남사스러운 돈 문제를 할아버지가 조심스럽게 꺼내면, 할머니는 "당신의 어정쩡한 태도는 내 말이 정확히 맞다는 걸 보여주잖아요."라며 화를 냈다. 반대로 그녀가 말하기 꺼리는 주제는 "내가 하고자 하는 이야기는 너무 어려운 것이니 이쯤에서 그만둡시다."라며 회피했다.

할아버지는 할머니와 말다툼해서는 승산이 없다는 것을 깨달았던 것 같다. 어느 순간부터 그녀에게 대거리하는 대신 침묵했다. 그녀가 벼락같은 화를 내면 할아버지는 담배를 물고 구시렁대면서 마당으로 나갔다. 할아버지마저도 그러했으니, 그녀의 자식들은 말대답할 생각도 못했다. 그녀의 고집을 꺾을 수 있는 사람은 아무도 없었다.

아버지의 오래된 디젤 자동차에 시커먼 연기가 나올 때는 "내가 이쪽 분야 전문가는 아니지만 내 말을 믿어라."라며 운행을 종용했다. 결국 그날은 고속도로 입구에서 차가 멈추었다. 카센터로 차를 보내고 다시 시골집으로 돌아온 우리를 보고도, 그녀는 "네가 틀린 것도 아니고 내가 틀린 것도 아니지만 난 내가 맞다고 믿는다."라며 자신의 실수를 전혀 인정하지 않았다.

할머니는 무서운 말을 자주 했다. 그녀는 자신과 대화를 피하는 할아버지를 향해 "남편만 없으면 고민이 하나도 없겠다!"라며 무서운 표정으로 쏘아붙였다. 할아버지는 그런 때마다 담배를 더 태웠다. 아무런 반응 없이 담배만 피우는 할아버지를 향해 그녀는 "나는 티브이만 있으면 하나도 외롭지 않으니 저 사람은 담배 연기랑 같이 사라졌으면 좋겠다!"라고 혀를 차기도 했다.

고집이 세고 무서운 말도 자주 해서인지 할머니의 주변에는 할아버지 말고는 사람이 없었다. 동네 이웃들과의 가벼운 인사가 전부였다. 고개만 돌리면 옆집이 무엇을 하는지 훤히 보였지만, 소 닭 보듯 데면데면 지냈다. 생각해보면, 예전부터 그녀는 이웃 이야기를 거의 하지 않았다. "옆집 할망구는 자식 자랑을 너무 많이 해서 주책이다."라는 말 정도만 했다.

그런데, 내가 초등학교에도 들어가기 전에 할아버지가 돌아가셨다. 너무 이른 나이였다. 당시 나는 할머니가 자꾸 무서운 말을 해서 할아버지가 진짜로 사라졌다고 생각했다. 아직도 시골집 사랑방에 걸린 할아버지의 생전 사진을 보면, 그녀의 무서운 말을 피해 마당에서 담배를 태우던 장면이 생생하다. 그렇게 할아버지가 사라지자, 그녀 주변에 사람은 단 한 명도 남아 있지 않았다.

당시 나는 삶과 죽음에 대한 인식조차 없었다. 할아버지의 장례식 때, 왜 이렇게 오랫동안 장례식장에 있어야 하냐고 난동을 부렸다. 당장 집에 가서 피자를 먹어야겠다고 떼를 썼다. 할머니는 철없는 나를 조용한 곳으로 데리고 갔다. 휘리릭 짝. 그녀의 손바닥이 채찍처럼 휘면서 내 뺨을 경쾌하게 때렸다. 그 충격으로 안경다리가 구부러졌다.

장례식장 손님들은 나를 보고 너는 왜 이렇게 고개를 삐딱하게하고 다니냐고 물어봤다. 그때 나는 고개를 제대로 들고 다녔다. 다만 할머니의 손바닥이 내 뺨을 갈기며 안경의 기울기를 15도로 만들었을 뿐이었다. 물론, 그녀는 그때를 전혀 기억 못 한다고 한다.

고독이란 자존심을 지키는 성벽과 같아서, 혼자가 될수록 더 높고 단단해진다. 그렇지 않아도 자존심이 센 할머니였기에, 혼자가된 이후로는 말끝마다 "혼자 있어도 괜찮다."라고 말하는 버릇이하나 생겼다. 그 무렵 나도 버릇이 하나 생겼는데, 어떠한 경우에도 떼를 쓰지 않는 것이었다. 할머니에게 뺨을 맞은 이후였다.

그때부터 30년이 지났다. 이제는 떼를 쓰고 싶어도 그럴 수 없는 나이가 되었다. 이제 할머니는 내 뺨을 때리려면 식탁 의자를밟고 올라야 한다. 내 뺨을 제대로 맞출 수나 있을지 모를 정도로

쇠약해졌다. 상노인이 된 그녀는 고개에 힘을 주어야 똑바로 앞을 볼 수 있을 만큼 등이 굽었다.

긴 시간 동안 할머니는 자신의 말대로 티브이 드라마를 보면서 살았다. 주말에 시골집에 가서, 혼자 계셔서 적적하지 않으시냐고 물어보면 할머니는 손사래를 휘휘 쳤다. 드라마 재방송이 나오는 티브이 화면을 가리키며, 할머니는 "나는 저것만 있으면 하나도 외롭지 않다. 얼마나 재미있는지 원."이라고 말했다.

"할머니, 드라마가 그렇게 재밌어요? 도시에 가면 재밌는 게 얼마나 많은데요." 티브이 화면에서 눈을 떼지 않는 할머니에게 내가 말을 붙였다. 그녀는 여전히 티브이를 보면서, "인생은 기껏해야 옛날에 본 드라마보다 조금 더 잘 기억날 뿐이다. 어차피 뻔하지." 라고 말했다. 티브이를 자주 봐서인지 할머니는 대답에는 드라마 대사 같은 말이 많았다.

그런데, 그랬던 할머니가 최근에 이상해졌다. 평생을 두고 한 번도 하지 않던 행동을 하기 시작했다. 여태껏 작은 것 하나라도 자식들에게 해달라고 요구한 적이 없었던 할머니였다. 그런 할머니가 한날은 격양된 목소리로 나의 아버지에게 전화를 했다. 휴대폰 너머로 그녀의 씩씩대는 소리가 들릴 정도였다.

"집에 빨랫비누가 다 떨어졌으니. 당장에 택배로 보내라."

"아버지 기일이 얼마 안 남았는데 그때 필요한 것 한 번에 사 갈게요."

"글쎄. 빨랫비누가 다 떨어졌다니까? 택배로 보내라."

"예전에 사드린 세제는 있지 않아요? 일단 그거 쓰면 안 돼요?"

"빨랫비누를 보내라. 택배로 보내라."

결국 아버지는 전화를 끊자마자 편의점으로 가서 빨랫비누를 여러 장 택배로 부쳤다. 할머니는 일주일에 한 번은 꼭 전화가 왔다. "택배로 물건을 보내라."라고 닦달을 했다. 그렇게 급한 물건이 아닌 것 같은데도 택배를 보내라고 성화였다. 나의 부모님은 당황스러워하면서도, 할머니의 요구대로 택배를 보냈다. 이후로도 그녀는 전화를 해왔다. 이번 주가 빨랫비누였다면, 다음 주에는 휴지였다. 그다음 주는 대야였다.

내가 회사에서 일하고 있을 때, 갑작스럽게 어머니에게서 전화가 왔다.

"너네 회사 근처에 편의점 있지? 거기에서 할머니 물티슈 사서 택배로 보내라."

어머니와 아버지는 계모임에 나와서 택배를 보낼 수가 없으니 나에게 보내라는 것이었다. 요즘에 할머니가 자꾸 택배를 보내라는 게 이상하다는 말도 덧붙였다. 나도 그 말에 동의했다. 노인을 대상으로 한 신종 보이스피싱이 아닐까 하는 불안감이 들었다.

나는 오랜만에 할머니를 뵐 겸, 무슨 문제가 있는 것은 아닌지 확인할 겸, 오후에 반차를 냈다. 대형마트에서 물티슈 한 박스를 사서 차에 싣고 할머니 집으로 향했다. 고속도로 두 시간을 달려서 할머니의 시골집에 도착했다. 아직도 햇살은 눈부셨다. 햇빛을 가리기 위하여 이마에 손을 대고 눈을 가늘게 떴다.

그 순간에 내 시간이 완전히 멈췄다. 인생의 특정 순간에는 시간이 멈춘다는 말은 진실이다. 나는 거기에서 택배 좀 보내라는 할머니의 심정을 직접 목격했다. 30년이 넘는 세월 동안 그녀가 공고하게 올린 고독의 성벽은 완전히 무너져 있었다. 거기에는 겨우 할딱이는 헐벗은 자존심만 남아 있었다.

우체국 택배 차량이 옆집 대문 앞에 멈춰 있었다. 빨간색 옷을 입은 우체부는 옆집 할머니를 향해 "할머니는 좋으시겠어요. 자식들이 이렇게 신경을 써서 택배를 보내니."라고 말했다. 그 말은 나의 할머니의 집에서도 분명히 들릴 만큼의 소리였다. 거기에다가 옆집 할머니는 산 정상에서 외치듯 "아이고! 또 우리 자식들이 나 챙겨주려고 택배를 보냈네! 아이고 이렇게 자주 오게 해서 얼마나 미안한지 몰라 우체부 아저씨."라고 소리쳤다.

일주일마다 택배를 보내라는 게 이런 이유였구나. 자식들이 택배를 보냈다고 자랑하는 옆집 할머니 소리에 기가 죽어서, 자존심 센 나의 할머니는 자식들에게 그렇게 택배를 닦달했던 것이었다. 택배 좀 보내라는 할머니의 심정이란. 아아. 나는 단말마의 탄식이 터졌다.

나는 옆집 할머니의 외침보다 더 큰소리로 입구에 들어가면서 외쳤다.

"할머니, 손주가 할머니 보고 싶어서 갑자기 찾아왔어요!"

옆집 할머니의 자랑 소리를 듣지 않으려는 듯 안방에서 티브이 볼륨 최대로 키우고 있던 할머니가 화들짝 놀라서 갑자기 뛰어나왔다. 고무신을 겨우 신은 그녀는 내 두 손을 부여잡으며 활짝 웃었다.

그녀의 자글자글한 눈주름 사이에서 맑고 동그란 액체가 햇빛에 빛나고 있었다. 잊고 있던 드라마 미생의 대사가 떠올랐다.

"잊지 말자. 나는 어머니의 자부심이다."

나도 잊고 있었다. 할머니의 남은 자존심은 자식이었다.

# 3장

## 뼈는 있지만 가시는 없는 농담 구사하기

## 계란이 바위와 싸우는 법

## 농담은 상대도 웃을 때 성립한다
· · · · ·

**스스로가 한 이야기가 우스웠는지 껄껄 웃었다**

18시가 되면 집으로 곧장 가서 가족들과 시간을 보낼 생각이
었다. 점심은 회사 앞 카페에서 샌드위치와 커피로 10분 만에
배를 채웠다. 다시 사무실로 들어가려 고개를 들이밀었는데,
그때 내 눈앞에는 충격적인 장면이 있었다. 순간 나는 스티븐
킹의 소설 속 세계에 갇힌 것 같았다.

지점장이 내 자리의 서류를 모두 정리하여 서랍 속으로 넣고
있었다. 전 직원의 데스크톱 위의 자질구레한 것들은 이미 책
상으로 내려가 있었다. 직원들의 책상이 모두 치워지고 있었
다. 나는 어찌할 줄 몰라 지점장을 불렀다.

"지점장님, 아니 이게 무슨. 갑자기 직원들의 짐을 왜 정리하
고 계세요?"

지점장은 고개를 돌려 나를 보더니, "깨끗한 게 좋지 않아? 외부 손님들이 오면 여기가 회사 얼굴인데 말이야. 서류가 뒤죽박죽 쌓인 게 보기 좋진 않지."라고 말했다.

"그리고 내가 지점장이라고 해서 직원들에게 초등학교 선생님처럼 이래라저래라 할 수 없으니까, 허허. 그냥 내가 치우는 게 마음이 편해. 안 도와줘도 되니 신경 쓰지 마. 이 나이에 초등학교 선생님이라니."

그는 스스로가 한 이야기가 우스웠는지 껄껄 웃었다.

가스라이팅을 하는 초등학교 선생님도 있나? 그의 마이크로 매니지먼트에 나는 뭐라 대꾸할 수 없었다. 그는 내 직속 최고 상사였다. 에잇, 더러워서 나간다. 초등학생이라면 가졌을 담대한 마음이었다. 하지만, 지금 나는 여기가 아니면 어디에서 쓰일지 확신할 수 없는 한 가정의 가장이었다. 뭐 틀린 말도 아니네. 애써 스스로의 구차한 복종을 합리화했다. 그의 웃음소리가 점점 크게 들렸다.

윗글의 '나'는 점심을 먹고 왔는데 자신의 책상이 치워지는 광경을 목격한다. 이미 동료들의 책상은 깔끔하게 치워진 상태였다. 직장인으로서 자신의 책상이 치워지는 것은 끔찍한 일이 아닐 수 없다. 큰 회사에서 유일하게 자신의 공간이라고 부를 수 있는 한 평 남짓한 자기의 자리까지 침범을 당한 기분일 것이다.

이런 상황에서 지점장은 스스로가 재밌다고 생각하는 농담을 던진다. 직원들을 저지레하는 초등학생으로 풍자하며, 자신이 초등학교 선생님 같다고 말한다. 당연히 그 직원들 중 한 명인 나는 웃을 수가 없다. 이런 풍자는 같은 지점장이나 집에서 아이들 방을 정리하는 아내에게 했을 때나 웃음을 줄 수 있는 것이다. 직원들에게는 공포 그 자체이다.

그래서 '나'는 직장 상사들이 직원들을 다룰 때 쓰는 나쁜 방법인 '가스라이팅'과 '마이크로 매니지먼트'라는 용어를 써서 그를 풍자한다. 이 두 용어는 특정한 상황을 일부러 만듦으로써 타인의 마음에 자신에 대한 의심을 불러일으켜 현실감과 판단력을 잃게 만듦으로써 그 사람을 정신적으로 괴롭히는 방법을 가리킨다.

만약, 이 이야기를 듣는 사람이 같은 회사 직원이라면 가스라이팅과 마이크로 매니지먼트라는 말에서 큰 웃음을 지을 것이다. 부정적인 대상인 지점장을 함께 욕하고 웃으면서 카타르시스를 느낀다. 상대도 웃는 농담의 좋은 사례가 되는 것이다. 윗글은 꽤나 무거운 직장 내 상사와의 미묘한 갈등을 풍자의 방법으로 가볍게 풀어내고 있는 것이다.

## 상식적으로, 말이 안 되는 말
·····

**마스크 값 규제는 되고 부동산 규제는 안 되고**

"코로나 19의 유일한 예방은 마스크입니다."라는 뉴스의 보도가 연일 이어졌다. 갑자기 몰리는 주문에, 유통 업자들은 폭리를 취하기 위해서 마스크를 전량 매입했다. 인터넷 쇼핑몰에서 마스크 값은 한 장에 10,000원이 넘었다. 그나마도 하루가 안 되어 모두 품절이었다. 인터넷에 익숙한 젊은이들은 휴대폰 알람을 설정해두고, 입고되면 곧바로 주문했다.

마스크 값은 계속 올랐고, 유통 업자들은 계속 매입하고 창고에 쌓아뒀다. 마스크 값이 15,000원까지 올랐다. 천 마스크도 구할 수가 없었다. 어르신들은 새벽부터 대형마트에서 줄을 서서 마스크를 한 장 사서 그걸로 일주일을 버텼다. 마스크 지옥이었다. 도대체 정부는 무엇을 하고 있느냐며, 새벽에 매일 줄을 서고 있다는 친척 어르신은 핏대를 높였다.

정부에서 마스크 문제를 해결하기 위해서 시장에 적극 개입하기 시작했다. 약국 시스템을 활용해서 1인당 구매 가능한 매수를 제한했다. 매점매석 행위에 대한 단속을 시작했다. 이미 생산 물량은 충분했기에, 마스크 대란은 금세 해결되었다. 그리고 친척 어르신은 이번에는 다른 문제로 정부를 욕하기 시작했다.

부동산 규제 정책은 자유민주주의 국가인 대한민국에 맞지 않는 잘못된 것이라고 내가 이 꼴 보려고 각 지역 분양을 다녔겠냐고, 목에 핏대를 세우며 정부 욕을 하고 있었다. 나는 친척 어르신에게 '마스크는요?'라고 묻고 싶었다. '마스크나 집이나 모두 국민 생활에 필수적인 것들인데 왜 마스크는 가

윗글에서 '나'는 명절 어른들에게 감히 따끔한 일침의 말을 하고
싶다는 생각이 든다. 작품에서 친척 어르신은 일부 신문만 보고, 그
것이 사실이고 진리라고 생각한다. 아마 돋보기안경을 쓰고 밑줄 치
며 외웠을 수도 있겠다. 그리고 외운 그 내용을 사람들 앞에서 자신
의 의견인 양 말한다. 목소리가 큰 친척 어르신이 말을 주도하면, 다
른 친척들은 명절 분위기를 망치지 않으려 잠자코 듣는다. 위 시의
나 역시 그런 분위기를 알기에 하고 싶은 말을 못 한다. 하지만 속마
음으로 어르신이 논리적으로 말이 안 되는 이야기를 하고 있다고 생
각한다.

그 어르신은 '마스크'가 생활에 필수적인 것이기에, 가격을 정부
가 통제해야 한다고 생각한다. 그러면서도 생활에 필수적인 '집'은
자신의 이익 창출의 수단이기 때문에, 가격을 정부가 통제하면 안
된다고 생각한다. 말이 안 되는 말이다. 둘 다 통제하지 말거나, 둘
다 통제하는 것이 맞다.

물론, 이런 이야기는 친척 어른이라는 관계를 생각할 때 대놓고
하기는 힘든 말이다. 친척 어른이 나의 '마스크는요?'라는 말을 듣게
되면, 자신의 논리적 오류를 자각하고 입을 다물거나 끝까지 인정하
지 않고 버르장머리 없는 놈이라면서 나를 욕할 수도 있기 때문이
다. 뭐가 되든 명절에 몇 시간 보는 친척들 사이에서는 굳이 하지 않

아도 되는 말이다. 뼈 있는 농담은 같은 처지에 있는 사람에게나 웃음을 줄 뿐이다.

　뉴스에서 가까운 사이에서 발생하는 충돌 사건이 종종 나온다. 이것은 명절 때 빈도가 잦고 그 정도가 심하다. 사람들 사이의 관계라는 것은 너무 좁혀지면 실망하거나 충돌하거나 환멸이 생기는 법이다. 특히 가족이나 친척 사이는 더욱 그러하다. 상대가 상처 받을 말을 누구보다 잘 알고 있는 관계이기 때문이다. 그래서 윗글의 '나'는 생각만 하고 말을 하지 않는다.


## 피하는 것이 아니라, 풍자의 방법으로 싸우는 중
・・・・・

　예전에는 활자가 곧 교양이었다. 신문에서 언급되는 내용과 주장들이 교양으로 인식되었다. 그때는 학교에서도 NIE 교육이라며, 기사를 스크랩했다. 신문 사설 필사를 하기도 했다. 그때를 살던 어르신이다. 그걸 생각한다면, 내가 아무리 논리적인 말을 한다고 한들 쉽게 바뀌지 않는다.

　그래도, 이건 너무하다는 생각이 든다. 특정 신문의 논리적 모순과 너무도 일치한다. 하지만, 내가 말을 하지 않는 것은 어르신이 두려워서가 아니다. 나는 내면에서 그 어르신을 논박하고 있다. 아마 다 같이 모인 자리가 끝나면, 말이 통하는 친척끼리 다시 모여서, 그 어르신의 말에 혀를 찰 수도 있겠다. 나는 피하는 것이 아니라 싸우고 있는 것이다.

'웃으면서 비꼬기', 즉 풍자의 방법으로 논박하는 것이다. 나의 내면에는 진심은 통하고 진실은 변하지 않는다는 확신이 있다. 그러기에 나는 풍자를 통해 내 삶의 활력을 뺏기지 않는다. 대놓고 면박을 주거나 상대의 논리적인 모순을 드러내는 말하기는 상대와의 관계를 완전히 끊어 놓는다.

그 사람과 완전히 인연을 끊을 생각이거나 그 사람이 나의 자존감을 건드리는 말을 해서 결연히 맞서야 할 때가 아니라면, 그 사람이 없을 때 나와 비슷한 생각을 갖고 있는 사람들과 함께 풍자하는 것이 좋다. 이미 그것만으로도 피하고 있는 것이 아니라 싸우고 있는 것이다. 여전히 유쾌한 내 삶을 유지하면서, 그 사람을 우습게 만드는 풍자가 중요한 이유이다.

## 개콘에서 풍자가 사라졌다 그리고 재미도 사라졌다
· · · · ·

10년 전만 하더라도, 사람들은 일요일 저녁 9시면 〈개그콘서트〉를 보기 위해 집으로 들어갔다. 밖에 있다가도, "이제 개콘 보러 가야겠다."라는 좋은 핑계로 이른 일요일 귀가를 했다. 지금 생각해보면, 참 세련된 인사말이었다. 소파에서 '개콘'을 보며 낄낄대고 나면 저녁 10시가 좀 넘었고, 무리 없는 일주일이 시작되었다.

그리고, 월요일의 시작은 어제 나온 〈개그콘서트〉 유행어를 억지로 끼워 맞추는 부장님 개그였다. 커피 자판기 앞에서 "궁금하면 500원!"이라는 개콘 유행어를 억지로 써먹었다. 자판기 커피는 100원이었다. 그래도 부장님이 희극인처럼 던지는 농담에 월요병을 잊으며, 잠시나마 깔깔대곤 했다.

그런데 어느 순간, 〈개그콘서트〉에 재미가 없어졌다. 일요일에서 월요일로 자연스럽게 이어지는 루틴을 깨기 싫어, 웬만하면 보려고 했다. 그런데 너무 재미가 없다. 열심히 연기하는 개그맨들의 모습에서 '소리 없는 아우성'을 느꼈다. 재미가 없어지면서, 유행어들은 의미 없는 멘트가 되었다. 다음 날 부장님도 유행어를 따라 하지 않았다.

〈개그콘서트〉에서 재미를 찾을 수 없게 된 시점은, 더 이상 제대로 된 풍자를 볼 수 없게 된, '2011년 고소 사건' 이후이다. 이 사건은 끝내 풍자 대상자가 고소를 하지 않는다는 것으로 일단락되었다. 하지만, 예전처럼 힘 있고 가진 사람들의 부정적인 모습을 콕 찍어 비꼬는 일은 급격히 줄었다.

## 풍자와 천박한 조롱은 반드시 구분해야
· · · · ·

마리오 임프로타의 그림이 논란이 된 적이 있었다. 영국의 '브렉시트'가 결정되고 난 후 이 상황을 풍자하기 위해 그린 그림이 문제였다. 그림은 2차 세계대전 당시 나치 독일의 유대인 대학살의 현장인 아우슈비츠 강제수용소를 바탕으로 영국의 유럽연합EU 탈퇴를 묘사하고 있다. 그는 최근 영국의 총선 결과를 소재로 한 '풍자 카툰'이라고 자신의 트위터에 공개했다.

하지만, 그의 그림은 '작품'이 될 수 없으며, '풍자'로도 절대 볼 수 없다. 풍자는 건강한 웃음이다. 나쁜 사람들 앞에서도 좌절하지 않게 하는 웃음이다. 나보다 강하지만 나쁜 사람들에게, 현실에서의 나는 '직장을 잃을까', '가족에게 해코지를 할까' 하는 걱정으로 욕하고 비꼬지 못한다. 하지만 나의 내면에서는 이긴다. 그 사람이 없을 때 뒤에서 나의 동료들과 공격한다. 겉으로는 진 것 같지만, 나는 지지 않는다.

임프로타의 그림은 풍자로 활용해서는 안 되는 사람들을 소재로 하고 있다. 아프리카의 기아들, 전쟁 난민으로 가족을 잃은 사람들, 홀로코스트 피해자들은 풍자의 소재로 활용해서는 안 되는 것이다. 피해 입고 상처 입은 사람들을 향한 풍자는 성립할 수 없다. 그것은 풍자가 아니라 인간으로서 하면 안 되는 천박한 조롱이다.

우리나라에서도 일제 강점기의 강제로 동원된 피해자들이 있다. 민주화 운동 때 몸과 마음을 크게 다친 열사가 있다. 세월호 사건으로 찢어지는 아픔을 겪은 유가족들이 있다. 상처 입은 이들을 대상으로 무엇인가 한다는 것은 있을 수가 없는 일이다. 이것은 시간이 아무리 지나도 마찬가지이다.

# 풍자의 대상이 갖추어야 할 세 가지 조건
·····

풍자를 '건강한 욕하기', '생산적인 비꼬기'라고 가리키는 이유는, 풍자의 대상 특성과 관련이 있다. 풍자의 대상은 제3자이다. 풍자의 대상은 부정적 인물이다. 풍자의 대상은 나보다 강하고 더 많이 가진 사람이다. 풍자의 대상은 지금 대화를 하는 나와 너 이외의 인물이고, 힘 있고, 부정적이다.

이 세 가지 조건이 맞는다면, 부정적인 특성에 한해 마음껏 비웃고 희화화해도 좋다. 그 사람에게 당한 사람들과 같이하면 더 좋다. 신기하게도 이런 웃음은 끝나고 나서도 허탈하지가 않다. 땅바닥을 보면서 한숨 쉬며 겨우 만들어지는 웃음이 아니다. 어두운 밤하늘에서도 별빛을 보는 웃음이며, 내일 그 나쁜 사람을 보더라도 마음이 움츠러드는 게 아니라 오히려 당당해지는 그런 웃음이다.

난세가 심해지고, 나쁜 놈들이 득세할수록 대중문화에서는 풍자가 발달한다. 대놓고 말할 수 없는 권력관계에서, 부정적인 대상과 싸울 수 있는 건강한 웃음이 풍자이기 때문이다. 대상에 대한 풍자적 웃음을 짓는 사람이 늘어날 때, 그 부정적인 대상은 결국 자신의 잘못을 인정하거나 그런 상황을 용인하게 된다.

조선 시대 때 양반 계급을 비꼬는 탈춤이 각 지역에 유행했었고, 심지어 양반들은 이것을 알면서도 용인해줬다. 마찬가지로, 절대다수가 비꼬고 공격하는 웃음이 자신을 향해 있다는 것을 안다면, 일반적인 경우라면 그 대상 스스로가 자신을 되돌아보게 된다. 이 풍자는 권력자와의 1:1의 다툼을 다수:1로 만드는 역할을 한다.

## 목표는 이 사회 나쁜 권력자에게 패배하지 말 것
·····

### 내 아이의 다 떨어져 가는 축구화 밑창

쿨하고 강단 있게, 내가 하고 싶은 말을, 강자 앞에서도 하는 당당한 모습은 누구나 꿈꾼다. 누구에게도 굴히지 않는 강한 나를 꿈꾼다. 하지만, 일상에서의 나는 겨우 얻은 일자리를 잃지 않기 위해서, 나의 평가자인 직장 상상의 압박과 멸시를 견뎌야 한다. 내 기획안을 들고 고개를 젓는 팀장 앞에서 당장 기획서와 함께 사표를 던지고 싶다. 비즈니스 티켓을 끊고 홀홀 여행을 떠나고 싶다. 하지만 나는 그럴 수 없다. 곧 초등학교에 입학하는 내 아이가 떠오른다. 내 아이의 다 떨어져 가는 축구화 밑창이 생각난다.

마블 영화사의 아메리칸 슈퍼히어로가 되어, 언젠가 모든 것을 바꾸는 순간이 왔으면 좋겠다. 하지만 그럴 수 없다. 인스타그램의 인플루언서처럼 각성해서 엄청나게 많은 돈을 벌고 높은 지위를 얻고 싶다. 하지만 어떻게 해야 할지 도무지 모르겠다. 일상의 내 앞에는 강한 사람들뿐이다. 나를 힘들게 하는 강한 사람들은 전부 약고 나쁘다. 강해지는 것이 힘든 것은 아는데. 그래도 이기고 싶다.

손가락 하나 움직일 때마다 생색이란 오만 생색은 다 내는 김 과장은 '김공주', 입만 열면 자기 자랑에서 시작해서 본인 공 치사로 끝나는 이 부장은 '아기(아가리 기관총)'로 불러 본다. 김 과장과 이 부장에게 당한 사람들이 모일 때마다, '김공주', '김공주 놈', '아기', '아기 놈'으로 비꼬아 대니 회사 버틸 맛 이 난다.

연차가 쌓이고 내 주변에 사람들이 늘어나니, 더 이상 '김공 주 놈'과 '아기 놈'의 패악질이 두렵지 않다. 그냥 그러려니 하고 피하는 여유가 생겼다. 확실하게 짚고 넘어가야 하는 일 은 단호하게 아니라고 말한다. 예전에는 그냥 두려워 피하고 그만두고 싶었다. 하지만, 나쁜 놈들을 피하지 않고 내 마음속 으로 그들을 비꼬고 마음껏 비웃어 주니 더 이상 두렵지 않다. 이기는 사람은 강한 사람이 아니라, 오래 사는 사람이다.

위 사례에서 '나'는 나를 괴롭게 하는 나쁘고 센 사람을 사람들과 뒤에서 욕을 신나게 한다. 그렇게 하니, 내면의 활력이 생긴다. 현실 에서 나쁜 사람을 대하는 것이 두렵지 않고 오히려 당당해진다. 내 면까지 패배한 사람과, 내면은 승리한 사람은 겉으로 보이는 모습부 터가 완전히 다르다.

내 주변에는 너무나도 좋은 사람들이 많다. 이 좋은 사람들은 패 악질을 부리는 나쁜 놈들에게 실컷 당하고, 화가 나서 나와 함께 나쁜 놈들을 욕하고 나면 뉘우치려 한다. 성당에서 고해성사를 하는 것처럼, '그래도 뒤에서 그렇게 욕하면 안 되는 건데.'라고 자신의 여린 마음에 반성을 한다.

하지만 나쁜 사람을 나쁘게 말하는 것은 나쁘지 않다. 나쁜 사람을 좋게 말하는 것이 오히려 나쁜 것이다. 당신은 좋은 사람이다. 좋은 사람만이 나쁜 것을 나쁘다고 말할 수 있기 때문이다. 농사꾼은 어떠한 일이 있어도 씨앗은 팔지 않는다. 우리에게 씨앗은 내면의 활력이다. 이런 활력은 우리가 계속 좋은 사람으로 남게 해 준다.

가장 힘 있고 건강한 풍자는, 좋은 사람이 하는 풍자이다. 좋은 사람들이 함께 모여서 나쁜 사람을 풍자할 때, 그 힘은 더 강력해진다. 우리는 마음이든 몸이든 모두 건강해진다. 우리는 한순간도 패배하지 않았기 때문이다. 고등학교 시절, 외계어 같은 봉산 탈춤을 그토록 중요하게 배웠던 이유도 그것이다. 봉산 탈춤의 학습 목표는 '나중에 사회 나가서 나쁜 권력자에게 패배하지 말 것'이다.

## 나를 낮추어 말할 때의 효과

**사람들에게 웃음을 주는 게 뭐가 그리 중요한가?**
· · · · ·

### 웃긴다고 개그맨 하면 안 돼요

직업인 초청 특강이 고등학교에서 열렸다. 강사는 지금도 텔레비전 채널을 돌리면 어디엔가는 꼭 나오는 인기 개그맨이었다. 역시 인기 있는 이유가 있다. 등장해서 몇 번의 재담을 하더니 곧 청중들의 주의를 자신에게로 모았다. '와 대단하다'는 생각을 서너 번 하니, 벌써 특강이 마칠 시간이었다. 학생들은 손뼉 치고 웃고 고개를 끄덕였다.

개그맨 강사는 마지막에 꼭 하고 싶은 말이라며 미간에 주름을 짓는다. 이건 세상 진지한 말을 하겠다는 일종의 신호였다. 모두가 그 신호를 알아챘다. 수백 명의 고요한 눈빛이 강당의 가운데 포인트 조명으로 모였다. 그리고 그가 아주 천천히 입을 열었다.

"개그맨이 되고 싶은 사람 손?"

개그맨이 질문하자마자, 특강에 흠뻑 빠진 다수의 학생들이 손을 번쩍번쩍 든다. 그 모습을 묘한 표정으로 보던 개그맨 두 템포를 쉬고 무겁게 입을 뗀다.

"직업 개그맨이 되려면 진짜 웃긴 사람이어야 해요. 아는 사람들 잘 웃긴다고 개그맨 하면 안 됩니다. 그건 누구나 할 수 있어요. 처음 보는 사람, 나에게 적대적인 사람까지 웃길 수 있어야 개그맨을 할 수 있어요."

학생 수련회에서 캠프파이어를 놓고 빙글빙글 돌면서 춤추고 노래하다가, 마칠 시간이 되자 "부모님을 생각해 봅시다."라고 하면서 분위기를 차분하게 만드는 게 떠올랐다. 약속한 강의의 마지막이 다가오자, 강연자는 모두가 개그맨이 되고 싶다고 할 법한 말도 안 되는 분위기를 일순간에 잡았다. 나는 그 자리에서 일어나 기립 박수를 쳤다.

위 이야기에서 인기 개그맨은 훌륭한 강연자이다. 대부분의 강연과 달리, 인기 개그맨은 마지막에 직업 선택에 대한 명확한 선을 그었다. 이 선은 어린 학생들이 막연한 환상을 갖는 것을 막았다. 대부분의 강연은 "여러분들도 작은 습관부터 바꾸기 시작하면, 저처럼, 아니 저보다 훨씬 더 재미있는 사람이 될 수 있습니다."로 끝낸다. 그래야 청중들은 강연을 들으면서, 자신은 무엇인가는 바뀌었다는 생각이 들기 때문이다.

인기 개그맨이 말한 것처럼, '내가 이 사람을 웃겨야지.'라고 마음먹고, 웃기기는 정말 쉽지 않다. 심지어, 나에게 우호적인 사람과 대화하면서 웃음을 주는 것조차 쉽지 않다. 의도치 않은 실언이나 의외의 행동으로 비웃음을 사는 경우라면 모를까, 내가 의도한 웃음의 의미를 그대로 상대에게 전하기는 어렵다.

잠깐만 휴대폰을 봐도 웃긴 콘텐츠가 쏟아진다. 지금 이 시간에도, 휴대폰을 보면서 웃는 사람들의 숫자가, 대화를 하면서 웃는 사람의 숫자보다 압도적으로 많을 것이다. '사람들에게 웃음을 주는 게 뭐가 그렇게 중요한가?'라는 생각이 든다. 하지만, 우리는 모두가 경험해봤다. 같은 말을 하더라도 상대에게 밝은 웃음을 줄 때, 그 미소를 볼 때, 자연스럽게 나도 기쁘다. 자주 경험할수록, 내면에 '활력'이 돈다.

내면의 '활력'이 중요한 것은 모든 일을 하는 원천이 되기 때문이다. 모든 자기 개발서에서 하고자 하는 말은, "무엇이든지 할 수 있다는 내면의 활력을 갖자."이다. 심리학에서는 자존감이라는 용어로 정의한다.

## '말하는 나도' 기분 좋아지는 웃음은 따로 있다
.....

**대화가 끝나면, 왜 매번 조롱당한 기분이 들까**

나는 사람들 사이에서 재미있는 사람으로 통한다. 그런데 나는 한 번도 웃기려고 한 적이 없다. 그냥 내 생각을 물어봐서 대답할 뿐인데, 사람들은 자지러진다. 이런 대화를 할 당시에는 의도치 않은 사람들의 반응에 당황스러워 분위기에 맞추려 웃는다. 하지만, 대화가 끝나고 자리에 앉으면, 조롱당한 것 같아 귀가 빨개진다.

팀 회식을 참석하면, 항상 분위기가 가라앉을 때, "건배사 한 번 해줘."라며 나에게 말을 건다. 어쩔 수 없이 내가 무어라 말하면, 사람들은 다시 즐겁게 술잔을 돌린다. 또 놀림받은 느낌이다. 사람들은 나로 인해 즐거워하는데, 나는 점점 대화에 참여하는 것이 힘이 들고, 기분이 좋지 않다.

사람들이 나를 낮게 보는 느낌이다. 나는 낮게 보이고 싶지 않았는데, 그냥 일상적인 말을 했을 뿐인데, 사람들은 내가 하는 말이 자신들이 하는 말과는 다르다고 생각하는 것 같다. 회식이 끝나고 조용한 집에 혼자 앉아 있지만, 그때의 그 분위기와 사람들의 시선 그리고 아직도 뜨거운 내 귀는 나를 지치게 한다.

사람들이 나를 그렇게 본다면, 그냥 나를 진짜로 낮춰서 말해봐야겠다는 생각을 한다. 일부러 나를 낮춰서 재미있는 이야기를 해본다. 사람들의 반응이 비슷하다. 다들 자지러지면서 웃는다. 그런데, 내가 느낌이 다르다. 웃기려고 의도한 말하기를 하다 보니, 내가 재밌고, 예상한 부분에서 웃음 짓는 사람들을 보니 더 즐겁다. 귀도 더 이상 빨개지지 않는다.

위 이야기에서 '나'는 사람들을 재밌게 해 준다. 하지만, 이는 내가 의도한 것이 아니기에, 비웃음으로 상대에게 웃음을 주는 것이다. 비웃음은 웃음이 아니다. 아무도 상대에게 비웃음을 사서 스스로 우스운 사람이 되려고 하지 않는다.

내가 말하고, 내가 기분 좋아지는, 내가 힘이 나는, 웃음은 따로 있다. 해학적 웃음이다. 해학적 웃음은 내가 의도한 대로 상대가 웃고, 나도 기분 좋아지고, 대화를 통해 내가 힘이 난다. 내가 드러내고 싶은 부분을 드러내고, 내가 스스로를 낮춰서 대화 분위기를 띄우고 싶을 때 띄울 수가 있는 것이다.

재미있는 사람의 주변에는 사람들이 모인다. 해학적 웃음을 주는 사람은 주변에 사람이 모이는 것뿐만 아니라 그 사람을 중심으로 대화가 이루어진다. 비웃음을 사는 사람과의 차이점이다. 내가 대화의 중심에서 이끌어 나갈 수 있는 것, 그것이 해학적 웃음의 힘이다.

해학적 웃음을 가장 잘 주는 사람은. 유재석이다. 유재석은 자신의 의도한 바대로 웃음을 유발한다. 자연스럽고 기분 좋은 웃음이다. 방송을 촬영하고 있는 출연자와 스태프 그리고 그 방송을 보는 시청자 그 누구도 기분이 나쁘지 않다. 방송을 보고 귀가 빨개지며 수치스러워하는 사람은 아무도 없는 것이다.

# 메시지는 정확히, 하지만 자기 낮춤 말투를 사용하면

· · · · ·

## 제가 죽을죄를 지었습니다. 한 번만 용서해주십시오

고등학교 모의고사를 치는 여름날이다. 덥고 습한 기운이 교실을 촘촘하게 메운다. 시험 시간은 아직 30분이나 남아 있다. 한숨과 숨소리가 교실 속 적막에 뒤섞여 모두의 짜증을 돋는다. 그런데, 갑자기 지지직거리는 소리와 함께 방송이 나온다. 학생과 교사 모두 당황하여 시계를 본다.

'아직 종 치려면 30분이 남았는데….'

무슨 문제가 생겼나 싶어서, 시험 감독 교사들은 앞문을 열고 복도 감독관에게 손짓한다. 복도 감독관 역시 지지직거리는 방송의 정체를 모르고 있는 눈치이다. 양어깨와 손바닥을 하늘로 향해 끌어올린다. 자신도 모르니, 알아서 처리하라는 신호이다. 다들 혼란스러워하는데, 갑자기 익숙한 목소리가 나온다.

"에, 전교생 들어라. 왜 아침에 사복 입고 오는 애들이 이렇게 많냐. 자 학생부장이 전달한다. 오늘 점심시간부터 사복 입으면 죽는… 네?! 교감 선생님? 시험이라고요? 에, 시험을 치르는 학생 여러분 제가 죽을죄를 졌습니다. 한 번만 용서해주십시오."

쉬는 시간을 헷갈린 학생부장 교사는 방송을 하고 있었고, 이를 들은 교감은 바로 내려와 방송을 막은 것이었다. 학생들은 크게 웃고 싶은 마음을 누르며 미소만 지었고, 감독 교사들은 창밖을 바라보며 웃음을 삼켰다. 엄청난 실수였지만, 아무도 문제로 삼지 않는 유쾌한 해프닝이었다.

위의 학생부장 교사는 자신의 실수를 인정해야 한다. 그것이 꼭 해야 할 말이다. 만약 실수를 인정하지 않고 다른 말을 했다면, 이때는 비웃음이나 비난을 사게 된다. 학생부장 교사는 사과의 내용을 말하면서, 앞에서 한 말투와 다르게 말한다. 존댓말을 쓴 것이다. 평상시에는 절대 쓰지 않는 과한 자기 낮춤이 포함된 존댓말을 쓴 것이다.

이는 학생부장 교사의 상급자인 교감이 함께 있다는 상황과 함께 말을 재미있게 만들어 준다. 평소와 달리 나를 낮추어 말하기, 바로 해학이다. 상대에게 건강하고 밝은 웃음을 주는 말하기와 글쓰기는, 당사자에게도 활력을 준다. 내가 다른 사람의 마음을 기쁘게 할 수 있는 말을 했다는 생각에 기분이 좋아진다. 괜히 말을 더 걸고 싶고, 나에게 말을 더 걸어왔으면 하는 마음이 든다.

누가 봐도 명명백백한 잘못을 내가 했을 때, 그래서 많은 사람들 앞에서 사과를 해야 하는 상황은 상상만 해도 끔찍하다. 이미 심리적 방어 기제의 장벽이 높아지는 기분이다. 사회인으로서 직장생활을 계속할수록, 대부분의 사람들은 스스로를 포장하려고만 한다. 그러다 보니, 마음 씀씀이는 늘 좁고 타인에 대한 신경증은 계속 뾰족하다.

이럴 때, 해학적인 말하기는 상황을 뒤집어 준다. 사과를 받는 대다수의 사람도 마음이 불편하기는 마찬가지이다. 자신도 언젠가는 실수를 할 수 있기에, 사과하는 사람의 민망함에 감정 이입하기 때문이다. 이럴 때, 학생부장 교사의 말하기처럼 자신을 낮추는 해학적 말하기를 사용한다면 스스로가 말을 재미있고 기분 좋게 했다는 생각이 든다. 어차피 해야만 하는 대화이다. 그 대화에서, 나는 해야 할 말을 하면서도 재미있게 말한다. 상황이 뒤집힐 수밖에 없다. 기분이 좋을 수밖에 없다. 대화의 선순환 고리이다. 나의 평판이 좋아지는 것은 부가적인 효과이다.

실제로 직장에서 정기적으로 부서를 이동할 때, 부서장들끼리 "그 사람은 어때?"라고 묻는다. 그때, "그 사람은 말을 재미있고 기분 좋게 해."라는 평을 받는다면, 모두가 자신의 부서로 데려오고 싶다는 생각을 할 것이다. 이건 '호구'와는 다른 개념이다. '호감형 인간'이다.

## 말하는 사람도, 듣는 사람도 유쾌한 대답
·····

### 아프리카 사람이 '한국은 왜 이렇게 덥냐'고 콩콩 뛰었다

내가 근무하는 회사에는, 여름 방학이면 동남아시아의 학생들이 방문했었다. 선진 기술 체험 프로그램의 일환인데, 본사에서는 회사 홍보 겸 프로그램을 운영했다. 작년 여름에는 특이하게도 아프리카 출신국의 학생들이 방문했다.

아프리카 학생들은 티브이에서나 봤지, 이렇게 실제로 마주하게 될 줄을 몰랐다. 무더운 날씨는 문제가 안 될 것 같았다. 의사소통이 가장 걱정되었다. 간단한 아프리카 말을 좀 익혀야 하나라는 생각에 아프리카 언어를 찾아보았다. 나라별로 완전히 다른 언어를 보고 당장에 그만두었다. 생각해보면, 외국인이 아시아 언어가 모두 비슷하리라 생각하는 것과 똑같은 오류를 스스로 범하고 있었다.

체험 당일 에어컨이 빵빵하게 나오는 버스에 만난 아프리카 학생들은 한국어도 제법 했다. 신기했다. 그 발음도 유창했다. 근육질 몸매를 드러내는 아프리카 학생들은 단단한 아스팔트보다 강해 보였다. 웬만한 더위에는 땀 한 방울조차 내어주지 않을 듯한 모습이었다. 요즘 특히 땀을 많이 흘리는 나를 돌아보면서, 운동을 열심히 해야겠다고 생각했다.

버스는 목적지에 도착했고, 학생들을 주차장에서부터 공장까지 걸어서 가는 중이었다. 햇살이 강하긴 했지만, 한여름 날씨는 아니어서, 조금 빨리 걷고 있었다. 그때 아프리카 학생들이 조잘조잘 웃어대며, 특유의 손짓 제스처를 크게 하며 말한다. "한국 여름 왜 이렇게 더워요. 아 더워 더워."

실제로, 한국에서 여름을 보내는 아프리카 사람들은 이런 이야기를 자주 한다. 습도가 낮은 아프리카와 달리, 습도가 높고 온도도 낮지 않은 우리나라의 특성을 생각하면 이해가 되는 말이다. 하지만,

더운 나라의 국민인 '아프리카 사람'이 사계절의 나라의 국민인 '한국 사람'에게 덥다고 하는 것은 듣는 이들을 재미있게 한다.

누구 하나도 기분 나쁘지 않다. 말하는 사람도 웃으며 더위를 잠시 잊을 수 있고, 듣는 사람도 한국 여름에 대한 자부심을 느끼며 왠지 모르게 기분이 좋다. 상황에 대한 희화화로 얻을 수 있는 웃음인 해학이다.

대한민국에서 가장 더운 대구를 연습 구장으로 사용하는 라이온스 야구단은 여름이면 이상하게 성적이 오른다. 이에 대해 리포터가 질문하면, 라이온스 선수들은 "우리 야구단은 대구에서 연습하기 때문에 웬만한 더위는 덥지도 않다."라고 말한다. 말하는 사람도, 듣는 사람도 유쾌한 대답이다.

더위에 자부심이 있다고 생각되는 아프리카 학생들이. 한국의 더위에는 그 기세가 완전히 꺾인 모습이라니. 생각만 해도 재미있는 상황이다. 더위에 익숙한 아프리카 학생들도, 그 말을 들으며 한국 더위에 으쓱할 '나'도 모두 유쾌하다. 한여름의 높은 불쾌지수를 한번에 낮출 수 있는 말인 것이다.

## 박명수의 개그는 풍자, 유재석의 개그는 해학
·····

스스로를 이인자로 칭하는 개그맨 박명수가 호통 개그로 인기몰이를 했었다. 아무렇게나 질러대는 호통은 보는 이로 하여금 의도치 않은 웃음을 짓게 했다. '아니 저기에서 왜 소리를 치지?', '저렇게 처음 보는 사람에게 호통을 쳐도 괜찮은가?'라는 생각으로 고개를 갸웃거리며 보다가도, 막상 그 장면이 나오면 시청자들은 웃었다.

물론 시청자들은 알고 있었다. 박명수가 악의를 갖고 화를 내기 위해서 소리를 치는 것이 아니라. 여태 예의를 강조했던, 어떻게 보면 가식이 많았던 예능 프로그램에서 그런 것을 걷어 내기 위한 퍼포먼스였음을 알고 있었다. 그렇기 때문에 큰 불편함 없이 그 장면을 보고 다들 즐거워했다. 일인자인 유재석을 넘을 만한 센세이션이었다.

하지만, 호통 개그가 사라지는 데는 그리 오랜 시간이 걸리지 않았다. 출연자 중에는 뜬금없이 소리치는 박명수에게 언뜻 불편한 기색을 내보이는 경우가 있었다. 이는 약속되지 않은 예능이라는 것을 보여주는 증거이기도 했지만, 동시에 박명수로 하여금 호통 개그를 스스로 멈추게 하는 기능을 했다. 박명수도 심성이 좋은 사람이라서, 다른 이들이 불편해하는 것은 하지 않으려 했다.

그리고 다시 유재석식 해학 개그가 대세로 떠올랐다. 무한도전을 이어받은 〈놀면 뭐하니?〉는 유재석만 고정 출연자이고, 나머지는 게스트 출연자의 구성이다. 초단편 시즌제와 같은 구성으로 시청자들에게 웃음을 주고 있다. 박명수의 호통 개그가 풍자적 요소가 강했다면, 유재석의 자기 낮춤 개그는 해학적 요소가 강하다.

## 강호동·김성주·신동엽·전현무, 그들이 성공한 이유
·····

강호동, 김성주, 신동엽, 전현무. 티브이를 돌리면 나오는 프로그램의 제1 진행자들이다. 이들이 진행하는 프로그램을 보면, 이들은 출연자들에게 골고루 발언할 기회를 준다. 분위기가 처질 것 같으면, 상황에 맞는 자기 낮춤 개그를 활용해서 분위기를 띄운다. 이와 비슷한 상황의 우스갯소리를 할 것 같은 출연자에게 곧바로 "어떠세요? 비슷한 경험 있지 않으세요?"라며 이야기를 이어 나간다.

출연자들이 자신의 잘못이나 오해가 될 만한 일들을 에피소드로 이야기하면, 이들은 결코 중간에 말을 끊는 일 없이 끝까지 듣는다. 그리고 그 이야기에서 자신이 잘못과 엉뚱했던 모습을 재치 있게 표현한다. 특히 강호동은 〈아는 형님〉, 〈신서유기〉에서 다른 출연자들보다 나이도 많고 영향력도 강하지만 이런 모습을 자주 보인다.

시청자들은 이러한 모습에서 유쾌함을 느낀다. 시청자들은 제1 진행자가 갖는 엄청난 방송에서의 영향력을 알고 있다. 그래서 진행자들이 임의로 출연자들을 누르거나 우습게 만드는 장면을 보이면, 시청자들은 매우 불쾌해한다. 마치 내가 당하고 있는 듯한 느낌이 들기 때문이다.

제1 진행자들은 여타의 고정 출연자들과는 다르다. 한 성격 할 것 같은 기가 센 출연자, 어떠한 말에도 자신의 의견을 굽히지 않는 나이 많은 출연자, 예전의 잘못을 절대 인정하지 않는 단호한 출연자들은 각자의 캐릭터로 방송을 풍성하게는 하지만, 프로그램 전체를 이끌 수는 없다. 이들이 프로그램을 이끌면, 조기 종영되는 경우가 많다.


## 누구의 마음을 상하게 해야 웃음이 난다면
·····

누구를 비판하고 조롱하고 이용해서 웃음을 유발할 수도 있다. 하지만, 그 웃음은 다른 사람의 마음을 상하게 해서 얻은 전리품이다. 다툼을 통해 얻은 웃음이다. 해학적 웃음과는 거리가 멀다. 물론 그런 부분에서 웃음이 나기도 한다. 하지만 웃고 나면, 씁쓸해지는 무엇인가가 반드시 남는다.

다른 사람의 마음을 상하게 해서, 내가 재미있을 수 있다. 하지만, 그때뿐이다. 나도 언젠가는 조롱당할 수 있겠다는 마음이 든다. 웃고 있지만 불안하다. 무엇보다 내가 비웃은 그 사람에 대한 미안한 마음이 가슴의 한구석에서 양심을 뾰족하게 찌르는 것 같아 기분이 좋지 않다.

상대를 즐겁게 해주는 말하기, 내가 재미있는 말하기는 간단하지만 쉽지는 않다. 우리가 처한 상황을 희화화하고, 평소의 나와 다른 모습으로 표현하는 말하기에 대한 생각이 필요하다. 이것의 시작은 내 모습 중 드러내도 되는 부분을 파악하는 것이다. 그리고 그 부분을 사람들 앞에서 과감하게 낮춰 내려놓음으로써 스스로가 경계를 낮추었음을 보이는 것이다.

사람들은 그 모습에 마음을 연다. 자신의 허물을 재치 있게 표현하는 사람은 그 자체만으로도 마음이 열린 사람이라는 느낌을 받기 때문이다. 대화할 때마다, 권투 선수가 잽을 날리며 일정한 거리를 유지하듯 방어적인 말이나 공격적인 풍자를 보인다면 아무도 가까이 가려고 하지 않는다. 해학적인 말하기가 필요한 이유이다.

## 언어유희

가볍지만 가볍지만은 않은 농담

**괜한 무게를 잡지 않는, 하지만 너무 가볍지 않은 드립**
· · · · ·

### 교통 법규를 잘 지키는 우리 회사 정 대리

대리로 진급하고 나자마자, 준중형차 한 대를 구입했다. 목적
은 출퇴근용이었다. 대중교통이 편하긴 하지만, 아침부터 많
은 사람들 사이에 끼이는 것도, 신문을 들고 있는 아저씨들의
팔꿈치와 직장인들의 백팩에 맞기도 싫었다. 출근 시간은 9시
까지였지만, 8시까지 출근하기로 했다. 한 시간 일찍만 나서
도 도로에 차가 거의 없기 때문이었다.

회사에 일찍 나오면 야간 당직자들과 함께 구내식당에서 아
침을 먹는 것도 좋았다. 한 시간 일찍 나서는 것뿐인데, 뻥 뚫
린 도로에서 차분하게 팟캐스트 방송을 들으며 콧노래를 흥
얼거릴 수 있었다. 이런 한 시간 일찍 자차로 출근하는 것의
장점을 동네방네 떠들고 다녔다. 그러자, 대선배인 팀장이 사

내 메신저로 말을 걸었다.

– 정 대리, ○○동에서 출발하면, 번갈아 카풀하지 뭐. 어떤가?

– 옙. 그냥 제 차로 카풀 해도 되는데, 편한 대로 하시면 됩니다.

대답은 그렇게 했지만, 나는 혼자서 출퇴근하는 것을 더 이상 만끽할 수 없는 데서 극심한 실망감을 느꼈다. 그렇게 편한척해야 하는 불편한 카풀이 시작되었다.

처음 한 달은 내 차로 팀장을 태워서 가기로 했다. 매우 어색한 출근길이었다. 그날따라 신호등마다 빨간불이었다. 차를 신호등 앞에서 세우는데, 팀장이 말을 붙였다.

"정 대리, 역시 이름처럼 정지선을 잘 지키는구먼. 훌륭해. 허허."

그 순간 어색한 분위기가 한 번에 무너졌다. 내 이름인 '정지성'으로 드립을 날린 팀장의 모습이 색다르게 보였다.

익숙한 것에 편안함을 느끼는 것이 사람의 본질이기에, 무엇인가에 조금만 바뀌는 변화가 있어도 어색하고 불편한 감정이 든다. 위 이야기의 '정 대리'는 출근길을 자신만의 시간으로 활용하게 되면서 큰 만족감을 느꼈다. 주변에 떠들고 다닐 정도로 그 익숙한 아침 시간을 즐기기에도 잠시, 자신의 인사고과를 평가하는 팀장이 카풀을 제안한다.

이미 자신이 주변에 아침 일찍 오는 출근길의 만족감을 이야기하고 다녔기 때문에, "제가 출근 시간이 불규칙해서 죄송합니다."라는 변명을 할 수가 없다. 그렇다고 해서, "제가 팀장님이랑 함께 있으면 불편해서 견딜 수가 없습니다."라는 말은 더욱 할 수 없다. 얼음장과 같은 어색함 속에서 출근길을 보낼 수밖에 없는 것이다.

사람들 중에는 유난히 아이스 브레이킹을 잘하는 이들이 있다. 나이 어린 사람보다 나이가 많고 직급이 높은 사람들이 이것을 잘하기에 유리하다. 나이가 어리고 직급이 낮은 사람이 괜한 말장난을 쳤다가 의도하지 않은 결과가 나온다면, 생각만 해도 끔찍하다. 나대는 사람이나 무례한 사람이라는 평가를 받을 수도 있다. 그 반대의 경우는 큰 웃음이 나오지 않아도, '팀장님이 분위기를 풀어주려고 노력을 하는구나'라는 생각에 분위기가 따뜻해진다.

윗글의 팀장도 이러한 상황을 잘 알고 있다. 그래서 카풀 하는 상황에 맞추어, 신호가 많이 걸리는 유쾌하지 않은 장면에서, 운전 중 긴장하고 있을 정 대리를 위해서, 언어유희를 한다. 요즘 사람들은 드립이라는 표현을 쓴다. 이름을 활용해서, "정지성 대리는 정지선을 참 잘 지키는구먼. 허허." 괜한 무게를 잡는 것도, 그렇다고 너무 가볍지 않으면서 정 대리의 마음을 열어주고 있는 것이다. 국어 시간에는 발음의 유사성을 활용한 언어유희라고 배웠다.

## 관계를 편안하게 만드는, 외국어를 활용한 말장난
·····

### 그럼 이제 샘샘 삐까삐까하면 되겠다

급여가 문제였다. 저번 달보다 야근도 더 많이 했는데, 이번
달 월급이 그대로였다. 공제되는 금액이 더 많을 수도 있겠지
만, 그렇다고 해도 저번 달 월급과 1원 단위까지 똑같은 것은
이해할 수가 없었다. 총무과에서 실수한 것이 확실하다는 생
각이 들었다. 전화기를 들고 총무과 내선으로 연결했다.

"급여 담당자 부탁드립니다. 월급이 저번 달이랑 1원 단위까
지 똑같은데, 확인 부탁드려요."

확인해보겠으니 잠시만 기다리라는 급여 담당자의 목소리에
서 떨림이 느껴졌다. 얼마 안 있어, "어떻게 하죠? 제가 저번
달 월급 파일을 올렸네요. 일괄 회수 조치하고 이번 달 월급을
다시 넣겠습니다. 죄송합니다."라는 미안함이 뚝뚝 떨어지는
대답을 했다.

나는 괜찮다고 대답하면서, 내 통장에 있는 월급을 넣었다 뺐
다 하는 게 가능한가 하는 의문을 품었다. 주거래 은행에서 돈
을 넣었다가 뺐다는 문자가 여러 개 왔고, 나는 회사와 은행과
의 신기한 관계에 놀라워했다. 그 사건 이후로, 급여 담당자는
나를 만날 때마다 미안하다면서 고개를 연신 숙였다. 나는 그
럴 필요가 없다면서 고개를 함께 숙였지만, 괜히 미안했다.

그리고 얼마 뒤, 나는 법인 카드를 잃어버리는 중대한 실수를 했다. 팀에서 필요한 물품을 구매한다고 법인 카드를 들고 다니다가 잃어버린 것이다. 나는 곧바로 총무부에 가서, 법인 카드를 잃어버렸으니 분실 신고를 하고 재발급을 받아야 될 것 같다고, 번거롭게 해서 미안하다고 고개를 숙였다. 그러자, 급여 담당자가 인자한 미소를 지으며 말했다.

"그럼 이제 우리 퉁치는 거네요. 영어로 샘샘, 일어로 삐까삐까, 중국어로는 음….."

회사에서 총무부와 직원들의 관계는 어색한 경우가 많다. 직원들의 월급을 담당하는 부서가 총무부이고, 일반 회사에서 가장 큰 비용은 인건비이다. CEO가 가장 꼼꼼하게 살펴보는 업무가 총무부의 일들이다. 회사 입장에서는 일한 것보다 적게 돈이 지급된 것은 상관이 없지만 더 많이 지급된 것은 문제가 된다. 직원 입장에서는 그 반대이다.

그 사이에서 한 번에 최종적이고 완벽한 일 처리를 해야 하는 것이 총무부, 그중에서도 급여 담당자이다. 이러한 업무 특성 때문인지, 직원들이 가장 기피하는 업무 가운데 하나이다. 아무 일도 일어나지 않을 때, 업무 수행을 가장 잘하는 것이기 때문이다. 잘해도 티나지 않는 업무인 것이다.

위 이야기에서 급여 담당자는 엄청난 실수를 했다. 월급을 저번 달과 똑같이 지급하는 잘못을 한 것인데, 만약 평소에 악감정이 있는 직원이라면 이를 핑계로 난리를 칠 수도 있는 일이다. 하지만 윗글의 '나'는 그러지 않았다. 급여 담당자는 이를 기억하고 있었다. 그리고 나 역시 법인 카드를 잃어버리는 엄청난 실수를 한다. 이때 급여 담당자는 드립, 말장난을 친다.

퉁치다(표준어로는 삭치다, 에끼다)라는 말과 함께, 영어로는 샘샘 same same, 일본어로는 삐까삐까ぴかぴか(번쩍번쩍하다는 의미이지만 한국에서는 비슷하다는 의미로 오용)를 사용해서 듣는 이를 편안하게 만든다. 위트 있는 언어의 나열과 일부러 말실수를 한 듯한 재치 있는 문장 구상을 사용했다. 비슷한 의미를 색다르게 표현하여 나열한 언어유희이다. "나는 여기를 매일매일, 그러니깐 뚜레쥬르."도 비슷한 경우의 재치 있는 표현이다.

## 조건이 비슷하다면, 논리적이지 않을수록 강력하다
·····

**1안으로 진행해야 하는 이유는 제 마음에 들기 때문입니다**

월요일 대표 회의에서 올해 첫 기획이 결정된다. 회사에서는 특히 첫 기획에 투자와 인력 지원을 아낌없이 해주기 때문에, 무슨 일이 있어도 우리 팀에서 준비한 제1안이 선택되어야 했다. 팀장도 이번 프로젝트를 성공적으로 만들어, 임원 진급을 노리고 있는 눈치였다. 나도 이번 기회를 잡아 과장으로 진급하고 싶었다.

문제는, 우리 팀에서 준비한 제1 기획안이, 다른 팀들의 기획안보다 훨씬 낫다고 볼 수 없었다. 물론 다른 팀의 기획안들도 우리 팀의 기획안보다 낫다고는 할 수 없었다. 시뮬레이션을 몇 번이나 돌려봐도 예상되는 위험 부담과 기대 수익은 엇비슷했다. 팀장들의 프레젠테이션에서 결정될 것이 분명했다.

우리 팀의 프레젠테이션이 끝나고, 총무부장이 예산서에 밑줄을 치더니 질문했다.

"예감이 안 좋아요. 특별한 문제는 안 보이는데, 그냥 예감이 안 좋습니다."

순간 분위기가 얼어붙었다. 예산을 총괄하는 총무부장이 자신의 '촉'을 근거로 우리 팀의 기획을 완전히 밀어내는 중이었다.

팀장은 참을성이 있었다. 대학생 때, 마트에서 캐셔로 일한 적이 있었기 때문에 참는 걸 잘했다. 팀장이 모두가 조용해질 때까지 기다렸다가 입을 열었다.

"저는 예감이 좋습니다. 그냥 좋은 게 아니라 아주 좋습니다. 총무부장님이 예감이 그냥 안 좋고, 저는 예감이 아주 좋으니 이번 프로젝트는 제1안으로 하는 것이 좋을 것 같습니다."

회사에서 프로젝트를 하다 보면, 비슷한 결과가 예상되는 선택지 중에서 하나를 선정해야 하는 일이 생긴다. "이번 일은 나를 좀 믿어

쥐. 어차피 시뮬레이션 결과는 같잖아?"라든가, "이번 일은 이 업체를 선정하는 것이 옳다고 생각합니다. 이유는 직장생활에서 쌓은 직감입니다."라든가. "이번 일은 이렇게 하는 게 좋겠습니다. 어차피 비슷한 결과가 예상되니, 매년 했던 대로 하는 것이 좋을 듯합니다."라는 말은 반박당하기 십상이다.

특히나 의사 결정권자가 근거 자료를 중시하는 성향이라면, 자료 조사를 다시 꼼꼼하게 하라고 그 자리에서 일갈할지도 모른다. 이 경우는 정말 큰 문제인 것이, 자료 조사를 다시 해서, 최적의 선택지가 도출이 되면 기존에 자신이 했던 제안은 불충분한 기획이 되는 것이다. 반대로 자료 조사를 다시 했는데도 여러 선택지들에 큰 차이가 없다면, 자료 조사를 다시 꼼꼼하게 하라는 지적을 받을 수도 있다.

윗글의 팀장도 같은 상황에 처해 있다. 언어유희는 개인적인 관계에서만 사용되는 말로 하는 놀이쯤으로 생각하는 경향이 있다. 언어유희를 가리키는 다른 말이 말장난이라는 것도 이를 잘 드러낸다. 하지만, 이 언어유희라는 것은 오히려 공적인 상황에서, 상대를 결정적으로 설득할 수 있는 결정적인 근거가 될 수 있다. 모든 조건이 비슷하다면, 논리적이지 않을수록 강력하기 때문이다.

총무부장이 자신의 업무적 위치를 이용해서, 기획안이 예감이 좋지 않다고 했다. 정확한 근거가 없이 단지 오랜 자신의 '촉'으로 예감이 좋지 않다고 하는 것이다. 어차피 다른 기획안들도 비슷하기 때문에, 대표 회의에 참석한 사람들은 쉽게 설득당하기 쉽다. 여기에서, 팀장은 총무부장의 말을 이어받아, "제 예감은 훨씬 좋습니다."라고 말한다. 만약 여기에서 총무부장이 "그 근거가 뭐냐?"라고 묻는다면, 총무부장의 예감의 근거는 무엇이냐고 스스로에게 묻는 것과 같은 것이기에 그런 질문을 하지 않을 것이다.

## 말장난 같지만 상대에게는 웃음을 던지는 무기
· · · · ·

### 가을과 겨울이면 우울해지는 가족에게 해줄 수 있는 말

우울하다는 말이 너무 일상적으로 쓰이는 시대이다. 이제는 '우울하다'는 표현으로는 부족한지, 스스로가 우울증인 것 같다고 말하는 이들도 많다. 아내도 조금만 기분이 안 좋은 일이 있어도, "나 너무 우울하다."라며 시무룩한 표정이다. 특히 낙엽이 떨어지는 계절인 가을이나. 모든 것이 앙상한 겨울이 되면 더 그러하다. 가을과 겨울이면 우울해진다고 하는 아내에게 어떤 말을 해주는 것이 좋을까?

1번 그렇지? 떨어지는 모든 것은 슬프지. 국어 시간에 하강의 이미지라고 배웠잖아. 눈물도, 낙엽도, 우리의 감정도 떨어지는 슬픈 법이지. 음울하고 건조한 날씨처럼 사람들은 이 계절이면 누구나 우울해져. 나도 그런데 뭐.

2번 우리 운동하고 햇빛 좀 쬘까? 가을과 겨울이라고 우울해하는 것도 괜찮은데, 뭐라도 보고 우울해지는 게 낫지 않을까? 우리의 기분이 계절에 따라서 바뀐다면, 직접 계절의 변화를 보는 것도 우리의 삶의 목적이겠지.

3번 가을과 겨울이 특히 우울한 이유는, 가우울하고 겨우울하잖니. 원래 우울한 계절인데 뭐. 아주 오래전부터 사람들은 그렇게 생각한 거야. 그리고 또 시간이 지나면, 웃음이 나는 '보음', '여르음'이 오잖니.

윗글에서 아내에게 해줄 수 있는 말로 제시된 1번부터 3번까지의 선택지 모두 좋다. 1번의 경우 "떨어지는 모든 것은 슬프지."라는 아포리즘을 사용하여, 자신의 말에 깊은 가치를 담았다. 자신도 그렇다는 공감까지도 하고 있다. 2번도 좋다. 우울하다고 호소하는 아내는 사실 남편과의 외출을 바란 것이다. 이는 청자를 고려한 말하기를 했다는 점에서 선물 같은 말이다. 3번은 웃음이 난다. 백번 양보해서, 겨울이 '겨우울'이라고 하더라도 가을이 '가우울'인 것은 상식적으로는 도저히 납득하기 어려운 분석이다. 그래서 더욱 설득력 있다. 가을과 겨울이라고 우울하다는 것도 논리적으로 설명이 어려운 문제이다. 이를 해결하는 것은 오히려 비슷한 발음을 이용해서 웃음을 유발하는 것이다.

특히, 3번의 경우에는 이어지는 말이 더욱 재미있다. 봄과 여름은 웃음과 발음이 비슷한, '보음'과 '여르음'이기에 곧 재밌는 날이 올 것이라니. 비슷한 발음을 이용한 언어유희가 주는 희망의 메시지까지 담겨 있다. 비슷한 발음을 활용해서 언어유희를 하는 것은, 언어를 쉽게 재창조하는 것이다. 재창조된 나만의 언어를 말할 때, 나는 다시 태어나는 기분이 드는 것도 같다.

청자 역시 낯선 표현의 언어를 듣게 되면, 마치 자신의 생일이 오늘인 것처럼 새로운 기분이 들것이다. 상황의 핵심적인 단어를, 비슷한 발음의 단어를 엮어봄으로써 생일 같은 하루를 보낼 수 있다. 필자의 시골집에는 곶감이 유명하다. 가을이면 감을 수확해서 곶감으로 만들어 전국의 지인들에게 보낸다. 그럴 때, "곶감 방금 보냈어. 곶감 이제 곧감."이라고 말하는 것도 재치 있는 표현이다.

## 100점이 만점인 이유
· · · · ·

### 97점과 100점은 완전히 다른 점수야

누나는 공부를 잘했다. 나보다 세 살이 많은 누나는 고등학교에 진학해서 치른 시험의 대부분을 100점을 받았다. 어릴 때부터 집에서 보는 광경이라고는 책상 앞에서 공부하는 누나와 야간 근무를 떠난 아버지의 빈자리와 도라지 껍질을 벗기는 부업으로 돈을 몇 푼 더 벌려고 하는 어머니의 모습이었다. 나는 야간 근무를 할 수도, 도라지 껍질을 벗길 수도 없었기에 누나를 따라서 공부를 했다.

공부한다고는 했지만, 누나의 높은 학업 성취도는 따라갈 수가 없었다. 그날 배운 내용은 그날 모두 공부해야 한다면서 그 많은 책을 모두 들고 갔다가 다시 들고 오는 누나와 달리, 나는 어떻게 하면 친구들과 피시방에 가서 스타크래프트를 할까를 고민하는 철없는 중학생이었다.

그날은 나와 누나가 수학시험을 보고 온 날이었다. 누나는 당연히 100점이었고, 나는 한 개를 틀려서 97점이었다. 나는 97점이나 100점이나 모두 잘했다는 생각이었다. 부모님께 수학시험을 잘 봤다고 이야기하면서, 친구들이랑 피시방에 가서 놀아도 되냐고 물어봤다. 어머니는 시험도 끝났으니 그렇게 하라고 했다.

그런데, 누나가 내 목덜미를 잡더니 내 눈을 노려보면서 말했다.

"엄마가 하루 종일 식당에서 일하고 집에 와서도 도라지를 까는 일 해서 몇천 원 버는데, 꼭 피시방을 가야겠니?"

누나의 말을 들으니 내가 불효막심한 자식이 된 느낌이어서 반발심에 아무 말이나 해댔다.

"97점이나 100점이나 마찬가지거든? 누나도 친구들 만나러 가면서 나한테만 뭐라고 하지 마."

내 말을 들던 누나가 픽 웃으며 말했다.

"전혀 달라. 100점은 만점이야. 10,000점이 될 수도 있는 점수라고. 근데, 97점은 97점일 뿐이야."

모든 부모는 자녀가 학교에서 높은 학업 성취도를 받기를 원한다. 이것은 저학년일 때 더욱 그러하다. 학습한 범위가 누적되는 고학년과 달리, 저학년의 경우에는 당장 몇 시간만 더 공부하더라도 높은 학업 성취도가 나오기 때문이다. 그래서 다섯 살 미만의 자녀를 둔 부모들은 자신의 자녀들이 천재가 아닐까 하고 한 번 이상은 생각한다.

이런 시기에 학부모들은 학교나 학원의 시험에서 아이가 100점을 받기를 원한다. 모두 맞출 수 있는 자신의 자녀가 한 문제라도 틀려서 오면, 너무도 아쉬워한다. 그러면서, "다음에는 실수를 줄여. 실수를 줄이면 100점을 받을 수 있겠다."라고 말한다. 응원의 말을 하는 것이다. 이런 말을 들은 아이는 되묻는다.

"왜 100점을 받아야 해? 한 개 틀리나 다 맞으나 큰 차이가 없는 것 같은데?"

윗글의 '나' 역시도 같은 생각이다. 그래서 100점을 받은 누나에게 97점이나 100점이나 다른 것이 무엇이냐고 묻는 것이다. 누나는 너무도 당연한 잔소리 같은 말을 가볍게 꼬아서 말장난을 친다. 100점은 만점이니 10000점이 될 수도 있다고. 만점滿點은 '규정한 점수에 꽉 찬 점수'라는 의미이다. 그런데, 이를 10,000점이 될 수도 있는 점수라고 말한 것이다. 문제가 아무리 늘어나도 배점이 아무리 늘어나도 100점은 1,000점이 될 수도 10,000점이 될 수도 있는데, 97점은 97점일 뿐이라는 것이다. 똑똑하고 위트 넘치는 누나가 아닐 수 없다.

# 훈계나 지적은 거부감을 느끼게 한다
·····

### 가르쳐야지요? 인도해야지요!

저들에게 힘을 주어야 하겠다. 지식을 주어야 하겠다. 그리해서 생활의 근거를 안전하게 하여 주어야 하겠다. "과학科學! 과학!" 하고 형식은 여관에 돌아와 앉아서 혼자 부르짖었다. 세 처녀는 형식을 본다. "조선 사람에게 무엇보다 먼저 과학科學을 주어야겠어요. 지식을 주어야겠어요." 하고 주먹을 불끈 쥐며 자리에서 일어나 방 안으로 거닌다.

"여러분은 오늘 그 광경을 보고 어떻게 생각하십니까."

이 말에 세 사람은 어떻게 대답할 줄을 몰랐다. 한참 있다가 병욱이가, "불쌍하게 생각했지요." 하고 웃으며, "그렇지 않아요?" 한다. 오늘 같이 활동하는 동안에 훨씬 친하여졌다.

"그렇지요, 불쌍하지요! 그러면 그 원인이 어디 있을까요?"

"물론 문명이 없는 데 있겠지요— 생활하여 갈 힘이 없는 데 있겠지요."

"그러면 어떻게 해야 저들을…… 저들이 아니라 우리들이외다……. 저들을 구제할까요?" 하고 형식은 병욱을 본다. 영채와 선형은 형식과 병욱의 얼굴을 번갈아 본다. 병욱은 자신 있는 듯이,

"힘을 주어야지요? 문명을 주어야지요?"

현대 문학의 특성은 아직도 국문학계에서 많은 논의가 진행 중이다. 확실한 것은, 그 기준에 '탈계몽성'이 포함된다는 것이다. 현대 문학이 이전의 작품이 배운 자에게서 나온 말로서 그렇지 않은 자들을 훈계하고 지적하는 계몽적인 특성이 있다면, 현대 문학은 그런 계몽성을 탈피하는 방향으로 발전해왔다는 것이다.

윗글은 한국 최초의 근대 장편 소설이라고 평가받는 이광수의 《무정》이다. 학창 시절 때, 이러한 문학사적인 의의로 국어 교과서에 자주 실렸던 작품이다. 이 작품은 그 이전 소설의 문체적 한계를 극복한 언문일치의 문장을 사용하고 신문물에 대한 긍정적 가치관과 민족 공동체를 중시하는 근대 소설로서의 모습이 보인다. 하지만, 여전히 계몽적이다. 그래서 완전한 의미의 현대 문학 작품이라고 볼 수는 없다.

《무정》의 경우 당시의 식민지 지식인들이 보고 열광했을 법한 내용이다. 교육과 실행을 주장하는 젊은 주인공의 모습은 선각자로서의 이미지가 두드러진다. 하지만, 지금의 독자들이 볼 때는 대다수의 당시 조선인들을 교화의 대상으로만 봤다는 점에서 아쉽고 불편한 마음이 든다. 100여 년 전의 작품을 봐도 그러한데, 지금 내 옆에 있는 사람이 자신이 조금 더 잘 안다고 해서 훈계하고 지적하는 어투로 설교를 늘어놓는다면? 당장에라도 자리를 뜨고 싶다.

이러한 말하기는 청자에게 거부감을 준다. 이때 필요한 것이 가볍게 보이는 말장난, 언어유희이다. 언어유희를 통해서, 화자와 청자를 동등한 위치로 만드는 웃음을 유발한다. 그리고 칼을 품지 않은 말을 통해 진정성 있게 자신이 하고자 하는 말을 전한다. 이것은 뼈가 있는 유머이지만, 가시 돋친 말은 아니다. 청자 역시 즐거워하는 말이다. 어른의 말하기이다.

## 점심 먹고 왔는데 책상이 치워졌다

놀라운 일을 당하고 난 뒤에는 예전의 모습으로 돌아가는 것이 힘들다. "시간이 해결해 줄 거다." 혹은 "상황이 바뀌면 이해가 될 거다."라는 인생의 진리로도 회복할 수 없는 사건이 분명히 있다. 이는 관리하려 해도 감출 수 없는 뱃살과도 같아서, 괜히 힐끔힐끔 스스로를 쳐다보며 자존감을 떨어트린다.

9월은 임원 인사가 있는 달이다. 여태껏 본사 임원은 본사 내에서, 지점 임원은 지점 내에서 인사 발령을 냈었다. 하지만, 이번은 본사와 지점 간에 대폭적인 교류를 하였다. "지방에 있는 임원들의 불만이 많다."라는 설명이었지만, 같은 이유에서라면 올해 3월 직원 인사는 설명할 수가 없었다.

발령 첫날부터 지점장은 남달랐다.

"먼저, 바쁘신 와중에도 이 자리를 빛내 주시기 위해 오신…."

예상처럼 뻔한 취임사를 읽고 있는 서울내기 지점장을 먼발치에서 보면서, 나는 아주 작은 소리로 옆 동료에게 깐깐할 것 같다고 말했다. 순간 지점장이 말을 멈추고 나와 동료를 노려봤다. 나는 식은땀이 흘렀다.

인사 교류가 없었다면, 본사 재무과장이었던 그를 회사 매거진에서나 봤을 것이다. 하지만 지금은 내가 고개를 45도만 돌리면 보이는 바로 옆 지점장실에서 문을 열어 놓고 키보드를 두들기고 있다. 탁탁탁. 그의 경쾌한 키보드 소리만큼이나 '支店長 ○○○'이라고 적힌 투명한 명패는 눈이 부셨다. 그의 책상에는 명패, 데스크톱 본체, 모니터, 키보드, 마우스를 제외하고는 아무것도 없었다. 서류 더미가 쌓였던 이전 지점장이 생각났다.

　　지점을 공포로 몰아넣은 사건은 지점장 취임 일주일 후에 일어났다. 낌새를 먼저 느낀 것은 기민한 여직원들이었다.

　　"아침에 출근하면 데스크톱 위에 있었던 달력이 내려가 있어요."

　　누군가 던진 한마디에, 벌떼처럼 같은 말들이 겹치며 사무실을 소란스럽게 했다.

　　"어머, 저도 그래요. 저는 출근해서 내려져 있어서 다시 올렸더니 점심 먹고 오니깐 다시 내려가 있어요."

　　그 소리를 듣고 있자니, 내 데스크톱 위에 있었던 탁상 달력 또한 책상으로 내려가 있다는 것을 깨달았다.

　　사무실이 한껏 들썩이던 중에 지점장이 출근했다. 다시 사무실에는 탁탁탁 키보드 소리만 들렸다. 네 시간이 흘렀고, 점심시간이 되었다. 내려간 탁상 달력을 다시 데스크톱 위에 올려놓고, 오전에 마무리하지 못한 서류들을 책상에 쌓아 뒀다. 쌓인 업무들은 점심을 간단하게 먹고 점심시간을 활용해 처리할 계획이었다. 오늘은 정시 퇴근하여 소중한 가족과 저녁을 함께 하고 싶었다.

18시가 되면 집으로 곧장 가서 가족들과 시간을 보낼 생각이었다. 부대찌개를 먹자는 동료의 얼큰한 제안에도 꿈쩍하지 않았다. 점심은 회사 앞 카페에서 샌드위치와 커피로 10분 만에 배를 채웠다. 다시 사무실로 들어가려 고개를 들이밀었는데, 그때 내 눈앞에는 충격적인 장면이 있었다. 순간 나는 스티븐 킹의 소설 속 세계에 갇힌 것 같았다.

지점장이 내 자리의 서류를 모두 정리하여 서랍 속으로 넣고 있었다. 전 직원의 데스크톱 위의 자질구레한 것들은 이미 책상으로 내려가 있었다. 직원들의 책상이 모두 치워지고 있었다. 나는 어찌할 줄 몰라 지점장을 불렀다.

"지점장님, 아니 이게 무슨. 갑자기 직원들의 짐을 왜 정리하고 계세요?"

지점장은 고개를 돌려 나를 보더니, "깨끗한 게 좋지 않아? 외부 손님들이 오면 여기가 회사 얼굴인데 말이야. 서류가 뒤죽박죽 쌓인 게 보기 좋진 않지."라고 말했다.

"그리고 내가 지점장이라고 해서 직원들에게 초등학교 선생님처럼 이래라저래라 할 수 없으니까, 허허. 그냥 내가 치우는 게 마음이 편해. 안 도와줘도 되니 신경 쓰지 마. 이 나이에 초등학교 선생님이라니."

그는 스스로가 한 이야기가 우스웠는지 껄껄 웃었다.

가스라이팅을 하는 초등학교 선생님도 있나? 마음속으로 그를 신랄하게 비꼬며 공격했다. 하지만, 현실에서의 나는 그의 마이크로 매니지먼트에 뭐라 대꾸할 수 없었다. 그는 내 직속 최고 상사였다. 에잇, 더러워서 나간다. 초등학생이라면 가졌을 담대한 마음이었다. 하지만, 지금 나는 여기가 아니면 어디에서 쓰일지 확신할 수 없는 한 가정의 가장이었다. 뭐 틀린 말도 아니네. 애써 스스로의 구차한 복종을 합리화했다. 그의 웃음소리가 점점 크게 들렸다.

아무렇지 않게 직원들 책상을 정리하는 지점장을 옆에 두고, 나는 내 서랍 속 서류 중 필요한 파일 하나만 꺼냈다. 그리고 모니터를 켜고, 습관적으로 탁상 달력을 데스크톱에 올려놓았다. 지점장이 내 쪽을 돌아봤다. 나는 그제야 내 행동이 그에게 주는 의미를 깨달았다. 얼른 탁상 달력을 책상에 다시 내려놓으며, 머쓱해서 아무 말이나 던졌다.

"지점장님 탁상 달력은 왜 내리는 거예요?"

"처음에는 데스크톱 본체 위에 탁상 달력을 올려놓지. 그리고는 인형이나 가족 앨범을 가득 올려와. 양옆의 동료를 막을 수 있게끔 잔뜩 올려 두게 된다는 말이야. 벽처럼 말이야. 다음은 무엇이겠나? 그다음은 이어폰으로 귀를 막아. 안 보고 안 듣겠다는 것 아닌가? 그래도 그건 좀 아니지 않아?"

나는 지점장의 말에 고개를 끄덕였다. 그럴 수밖에 없었다. 그의 말이 완벽한 논리를 갖추어서라기보다는 내 삶의 무게 때문이었다. 나는 지점장의 말에 설득당한 모양새를 보일 수밖에 없었다. 하지만, 이건 정말 아니다. 이것은 정말 아니다.

# 4장

## 놈 말고 님이 되는 대화센스 키우기

## 역설

### 말도 안 되는 말의 진심

## 말도 안 되는 것은 아이러니가 아니라, 패러독스

·····

**가장 친하기 때문에 가장 상처를 줄 수 있는 사람**

나는 같은 동네에서 함께 나고 자란, 삼십 년을 알고 지낸 이웃 형과 가장 친했다. 그는 밤새 동네 피시방에서 게임을 하며 시간을 보냈고, 아침이면 아파트 놀이터에서 담배를 피웠다. 우연히 그와 만나면, 항상 나를 불러 세우고 일장 연설을 시작했다.

"스시집을 오픈할 거야. 육거리 스타벅스 옆 건물 1층에 100평대 가게를 열 거라고."

나는 그의 사업 계획을 10년 동안 듣고 있다. 그 사이에 그의 계획은 '오거리 카페베네'에서 '육거리 스타벅스'로 바뀌었다. 10년 동안 기존의 오거리는 새로운 도로가 뚫려 육거리가 되었고, 허니 브레드와 쓴 커피를 함께 팔던 카페베네가 사라진 공간에는, 망고 바나나와 오늘의 커피를 파는 스타벅스가 자리 잡았다.

좋은 게 좋은 거다. 나는 그렇게 생각하며, 그가 말하는 현실성 없는 계획을 10년이나 듣고만 있었던 것이다. 하지만, 그 날은 말해야겠다는 생각이 들었다. 헛된 포부만 갖고 10년을 얼치기로 빈둥대고 있는 그에게 일갈해야겠다고 결심했다.

"형, 근데 돈은 있어요?"

잠자코 있던 내가 질문을 하자, 그는 화들짝 놀랐다. 그는 "어? 어? 야 인마. 누가 사업을 자기 돈으로 하냐. 다 빌려서 하지."라고 대답했다. 그러고는 갑자기 할 일이 생각났다면서 집으로 황급히 돌아갔다. '누가 형한테 돈을 빌려준대요?'라고 되묻고 싶었지만, 그는 이미 멀어진 상태였다. 내가 질문을 할까 봐 도망간 것도 같았다. 결과적으로 그를 가장 위한 사람이 나였기에 가장 상처를 준 사람 또한 나였다.

대학생 시절의 대표 여자 아이돌 그룹은 소녀시대와 원더걸스였다. 특히나 2007년에 나온 원더걸스의 'Irony'는 "말도 안 돼 Irony♬"라는 반복되는 경쾌한 후렴구로 당시 한국인들의 입에 오르락내리락했다. 그때는 흥얼거리는 사람 근처에 가서 귀를 기울이면, 모두가 "말도 안 돼 Irony♬"를 읊조리고 있었다.

그런데, 일상의 이치에 맞지 않아 말도 안 되는 문장은 아이러니 irony(반어)가 아니라 패러독스paradox(역설)이다. 반어는 문장의 논리적인 구성은 일상의 상식에 지극히 합당한데, 문장이 가리키는 문맥과 상황이 문장과 반대일 때 성립한다. 가령, 아주 예쁜 아기를 보면 할머니들이 "아이고, 이 아기는 미워 죽겠네!"라고 말하는 것이 아이러니이다. 할머니들은 좋은 소리를 하면 귀신이 질투해서 아기가 아플 수도 있다는 옛 풍습 때문에 반대로 말한 것이다.

윗글의 '나'는 오랜 기간 알고 지낸 친한 형을 이야기한다. 생물학적 나이는 이미 어른이 훨씬 넘은 형은 아직도 허황된 꿈만 갖고 아무것도 하지 않는 무기력한 삶을 살고 있다. 그래서 나는 형이 정신을 차려서 본받을 만한 좋은 형이 되었으면 하는 마음으로 일갈을 한다.

그러고 나서, 마음이 아파 '그를 가장 위한 사람이 나였기에 가장 상처를 준 사람 또한 나'였다고 생각한다. 가장 위하는 사람이라면 가장 잘해줘야 하는데 그렇지 않은 것이다. 문장 자체만 보면 비상식적이다. 하지만, 깊은 의미가 담겨 있다. 정말로 잘 되기를 원하는 나의 마음이다.


## 말도 안 되지만, 마음을 가장 잘 표현한 말
· · · · ·

### 예쁜 것을 좋아하는 나의 아내

나의 아내는 예쁜 것들을 좋아한다. 그래서인지, 주말에도 화장하고 다른 옷을 골라 입는다. 선이 고운 얼굴에 맵시 있게 차려입은 옷차림을 나에게 보이며, "예뻐?"라고 물을 때면 햇살보다 밝은 미소가 자연스레 나온다. 내 미소에 아내는 가장 만족스러운 표정을 지으며 행복해한다.

21세기 들어, 한 번도 없었던 세계적인 돌림병으로 하루에 여덟 시간을 나는 거실에서, 아내는 주방에서 근무를 한다. 얼굴에 무엇을 바를 필요도 옷을 차려입을 일도 없다. 필요한 것은 자주 갈아입을 잠옷 여러 벌이다. 그런데, 오늘은 바깥에 나가고 싶다고 아내가 말한다. 갑자기 동네 마실이 결정된다.

"화장을 하고 옷을 차려입을까?"라고 아내는 묻는다. 나는 "아니, 그냥 가자. 지금도 충분히 예쁜데."라고 말한다. 아내는 무엇인가 아쉬운 느낌이다. 나에게 화장과 옷차림을 물어본 것 자체에 이미 오랜만에 예쁘게 꾸미고 싶다는 마음이 들어 있는 것이다. 나는 그것을 이미 알고 있지만, 지금도 정말 충분히 예쁘기 때문에 그렇게 말한 것이다.

'화장을 안 해도 정말 예쁘니깐 속상해하지 마.'

'이 동네에서 네가 가장 예쁜 사람인데, 무엇하려 또 꾸미려 해.'

'잠깐 다녀오는데 차려입고 가면 또 와서 화장 지우고 해야하는데, 정말 그냥도 예뻐.'

뭐라고 말해도, 이 복잡다단한 상황에 딱 맞는 말이 생각이 안난다. 예쁜 것을 좋아하는 아내의 마음을 상하게 하지 않으면서도, 화장을 하지 않아도 충분히 예쁘다는 내 생각을 함께 담위 사례의 '나'는 아내를 사랑한다. 곱게 꾸며 나에게 보이려는 그 모습을 특히 사랑한다. 나에게 잘 보이고 싶은 그 마음이 정말 고맙다. 이런 아내가 '오랜만의 외출에 화장을 하고 옷을 차려입을지의 여부'를 나에게 묻는다. 나에게 잘 보이고 싶은 마음이 크기에 나에게 묻는 것이다.

"그러지 않아도 된다, 지금도 충분히 예쁘다."라고 말하지만, 내가 전달하고 싶은 아내에 대한 진심은 이 문장을 훨씬 뛰어넘는 그 무엇이다. 어떠한 경우라도 예쁘고, 특히 내 눈에는 아내의 모든 모습이 예쁘다는 말을 하고 싶다. 매우 강조하여 전달하고 싶다. 하지만, 일상의 말로는 표현할 수가 없다. 표현해도 만족스럽지가 않다.

"당신은 항상 예쁜 사람이야. 예쁘지 않아도 예쁘니까, 그대로 마스크만 쓰고 가자."

말로 표현할 수 없는 내 마음을 표현하고 싶을 때는, 위 문장처럼 말이 안 되는 표현이 딱 맞다. 상식적으로, 예쁘지 않다면 예쁠 수가 없다. 그런데, 나는 아내에게 예쁘지 않을 때도 예쁘다고 말하고 있다. 아내는 처음에는 어리둥절하지만, 곧 내 말의 진심을 알아듣고 기뻐한다. 윗글의 '나'가 그토록 찾는 마법의 문장은 일상의 논리에서는 찾을 수 없다. 상식적으로는 말이 안 되는 말, 바로 역설을 사용하는 것이다.

역설은 삶의 깊은 것을 담는 문장이다. 인간의 마음이라는 것은 어떠한 욕구가 있으면, 그와 동시에 그 욕구에 반대되는 감정도 생기는 법이다. 화장을 안 해도 괜찮다는 내 마음과 화장을 하고 싶어 하는 아내의 마음을 따르고 싶은 양가감정이 있는 것이다. 그렇기에 복잡한 감정을 한 문장으로 표현하고 싶을 때 역설이 효과적이다.

## 진심을 평범한 언어로는 다 전할 수 없어서

국어 시간에 배웠다 하면 반드시 시험에 나오는 수사법이 있다. '역설법'이다. 역설법은, 표면적으로는 말이 안 되지만, 그 속에 일상 속에서 깊게 생각하기 힘든 진실을 담고 있는 표현이다. '역설적이게도'라는 말에서의 '역설逆說'과 같다.

'소리 없는 아우성'

위의 세 어절이 익숙하다면, 이미 역설법에 대한 기억이 있는 것이다. 우리나라 국민은 유치환 시인의 〈깃발〉은 몰라도, '소리 없는 아우성'은 안다. 너무 유명한 구절이라, 문학 교과서의 주기도문으로 불리기도 한다. 하지만, 자주 신경 쓰지 않고 많이 생각하지 않아 입과 손에 익지 않다.

'아우성이 소리치는 건데 소리 없는 게 말이 되는가?'라는 생각이 든다. 상식적으로는 말이 안 된다. 얼핏 보면 잘못된 표현 같다. 하지만, 신기하게도, 다섯 번만 따라 읽어 보면 입과 손과 머리에 꽂히는 무엇인가가 있다.

"소리 없는 아우성"

"소리 없는 아우성"

"소리 없는 아우성"

"소리 없는 아우성"

"소리 없는 아우성"

입과 손과 머리에 꽂히는 그 무엇인가는 이렇다. 손과 발을 크게 휘젓는다. 말은 못 하고 입만 빵긋빵긋한다. 콩콩 쿵쿵 뛴다. 콩콩 빵긋빵긋. 주변에 아무도 없다면, 희곡의 행동 지시문처럼 실제로 행동으로 옮겨 보는 것도 좋겠다. 주변에 사람들이 있다면, 머릿속으로 행동을 상상해 보는 것도 좋다.

언젠가 반드시 어디에서 경험한 벅찬 열망이 느껴질 것이다. 내 머리의 복잡다단한 생각과 귀 끝까지 빨개져 타오르는 폭발적인 감정들, 그게 말로 표현이 안 된다. 미치기 1초 전이다. 그것이 바로 '소리 없는 아우성'이 말하고자 하는 삶의 진실이다.

'소리 없는 아우성'이 담고 있는 진실은 '엄청난 열망'이다. "무엇인가 하고 싶은 열망이 있는데, 말로 표현 못 할 만큼 엄청나."라고 상식적인 문장으로 말할 수도 있지만 역설법과는 표현의 차원이 다르다. '소리 없는 아우성'을 사용하는 문장이 한결 깊다.

이러한 엄청난 무엇인가를 표현하는 것은 교과서에서만 나오는 것은 아니다. 교과서나 유명인의 역설법의 문장을 억지로 우리의 일상에 가져다 쓰면 오히려 섣부른 말들의 나열이 될 수 있다. 우리에게 자연스러운 깨달음을 주는 역설은 우리의 주변에 있다. 다음의 짧은 이야기는 70년대생부터 90년대생까지 직접적이든 간접적이든 겪어 봤을 법한 이야기이다.

> 밤늦게까지 나의 어머니는 식당 종업원으로 구정물에 손을 담그며 일했다. 일을 마치고 남은 음식을 비닐에 싸서 타박타박 걸어오면, 나는 눈을 비비며 어머니를 맞이했다. 내가 "엄마, 힘들지? 내가 공부 열심히 해서 엄마 일 빨리 그만두게 할게."라고 말하면, 엄마는, "힘들어도 엄마는 힘들지 않아."라고 말했다. 눈물 흘리며 엄마 품에 안기던 생각이 난다.

힘들어도 힘들지 않다는 엄마의 말, 역설법이 담고 있는 진심이다. 우리는 역설법에 감정이 터진다. 한 번 들었지만 수백 번 생각나고, 20년이 지나도 기억난다. 말하는 사람의 진심에 가슴이 터졌기 때문이다. 정작 그 말을 한 그때의 엄마는 지금의 할머니가 되어 기억을 못 하지만, 나는 평생을 기억한다. 언제나 그렇게 기억할 것이다. 역설법은 힘이 있다.

### 인생의 참모습을 보여 주지 않는 시대에 필요한 것
·····

> 여자 친구: 오늘 비가 와서 화장이 잘 안 먹어, 짜증 나.

나: 응?

여자 친구: 대박 뭉치고 번짐. 자기야, 오늘 원피스 입었는데, 바닥에 더러운 물 다 튄다. 스타킹에 다 묻었어.

나: 그러네, 카페라도 가서 닦자. 근데, 자기야 그거 알아?

여자 친구: 뭐?

나: 자기는 예쁘지 않아도 예뻐. 어떤 모습도 예쁘다고.

위 대화의 '여자'는 자신의 예쁘지 않은 모습에 기분이 좋지 않다. 사랑하는 사람에게 예쁘게 보이고 싶은 것만큼 그 사람을 사랑하는 것이다. 이런 맥락에서 '나'는 뭘 좀 아는 사람이다. 예쁘게 보이고 싶었는데 그게 잘 안돼서 기분이 안 좋은 여자 친구의 모습이 너무 사랑스러운 것이다. 이 깊은 마음을 표현하고 싶다. 그래서 말한다.

"당신은, 항상 예쁜 사람이야. 예쁘지 않아도 예쁘다고."

여자 친구의 얼굴에는 미소가 엷게 번진다. 그녀의 마음속에는 감동의 폭죽이 터진다. 아마 여자 친구는 집에 가서도 몇 번이고 나의 말을 되뇌며 웃을 것이다.

예쁘지 않아도 예쁘다고??

예쁘지 않아도 예쁘다고?

예쁘지 않아도 예쁘다고!

예쁘지 않아도 예쁘다고!!

예쁘지 않아도 예쁘다고!!!

이런 대화는 우리 인생의 참모습이다. 이와 달리 인플루언서들의 삶은 휘황하고 최종적이다. 군더더기 없는 몸매에 반짝이는 피부, 번쩍거리는 외제차와 화려한 일정으로 가득 찬 스케줄표. 문제는 비가 오면 길거리의 물이 원피스를 더럽히고, 빗방울이 화장을 번지게 만드는 당연한 삶이, 인플루언서들의 삶에는 보이지 않는다는 것이다.

사진 몇 장과 몇 줄의 글로 삶을 드러내는 인스타그램이 사람을 판단하는 매체가 되었다. 유튜브라는 10분 내외의 짧은 영상이 사람들의 주요 정보 습득처가 되었다. 화면 속에는 예쁘고 잘생기고 능력 있는 사람들만 가득하다. 우리 인생의 참모습과는 너무도 동떨어진 인플루언서의 삶이다. 더 이상 매체에는 우리의 참된 삶을 보여 주지 않는 시대이다.

화면에서 시선을 떼 '거울에 보이는 나'와 '고개를 돌리면 보이는 내 주변 사람들'은 인스타그램에서 보이는 사람들과는 거리가 멀다. 버스를 탈 때, 화장실에 갈 때, 자기 전에 항상 내 손바닥에서 멋진 사람들을 보여주는 스마트폰이 싫다. '나는 왜 이러고 있을까?' 하는 생각을 심어 준다. 알면서도 매번 인플루언서를 찾아본다. 결국은, 나와 내 옆 사람이 보잘것없게 느껴진다.

꾸역꾸역 살아가는 내 모습을 찍은 사진과 아등바등 버텨내는 내 삶을 표현한 말들은 사람들이 주목하지 않는다. 내 주변의 사람들은 다 그렇게 사는 것 같은데, 이렇게 사는 게 진짜 우리들의 모습인데, 우리의 모습을 보여 주는 메인 매체는 없다. 역설적이다. 삶의 패러독스이다. 그래서, 이 시대를 사는 우리 인생의 참모습을, 내 진심을 말하고 싶을 때는 역설이 필요하다.

## 사랑스러운 우리 모두를 위한 역설법
·····

### 여기 있으니깐, 나는 더 작은 사람이 되는 것 같아

1년 동안 돈과 휴가를 모았다. 400만 원의 돈과 열흘의 휴가로, 아내와 나는 유럽 여행을 떠났다. 좁은 이코노미 클래스 비행기 좌석에서도 우리는 신나기만 했다. 열 시간이 넘는 비행에도 아내는 자지 않았다. 유럽 여행 책을 보면서, 여행지에서 입을 옷을 생각하면서 꺄르륵 웃기만 했다. 사진도 많이 찍자며, 보조 배터리가 주머니에 잘 있는지 몇 번이고 만지작거렸다.

그런데, 유럽에 도착하자마자 아내는 어깨를 움츠렸다. 휑한 공항에서 부는 찬바람 때문에 그런 줄만 알았지만, 프라하의 도심에 도착해서도 계속 고개를 숙이고 울적한 표정을 지었다. 나는 아내에게 왜 그러냐고 물었다. 아내는, 나의 예쁜 아내는 유럽인들과 비교된다며 자꾸 가리고 다녔다. 나는 아내에게 "당신은 항상 예쁜 사람이야."라고 말했다.

하늘 위로 비행기가 날아가는 광경을 볼 때면 떠오르는 기억이다. 좁은 이코노미 클래스 비행기를 타고, 추운 겨울 프라하에서 잔뜩 웅크렸던 아내의 모습이 선하다. 까를교만큼이나 길쭉 뻗은 콧날과 턱선을 뽐내는 유럽인들이었다. 그 사이에서 더 웅크리고 있었던 나와 아내의 모습이 떠오른다.

"여기 있으니깐, 나는 더 작은 사람이 되는 것 같아서 화장을 더 진하게 해야겠어."라는 아내의 말이 귀엽고 사랑스러워 혼자서 몇 번이나 따라 하고 다녔다. 나도 그렇고, 아내도 그렇다. 우리는 예쁠 때는 당연히 예쁘고, 예쁘지 않을 때도 예쁜 사람들이다.

드라마에서는 예쁘게 단장한 주인공들이 해외의 멋진 장소에서 당당하게 자기가 하고 싶은 것을 하면서 위풍당당 외국어를 쏟아낸다. 하지만 윗글처럼 현실의 '나'는 대중교통을 타야 하기 때문에, 두껍게 껴입은 후줄근한 옷을 입는다. 가성비를 좇아 찾은 저렴하지만 맛있는 식당에서 줄을 서고, 온갖 몸짓을 동원해서 한 끼를 해결한다.

이런 내 옆에는 나의 사랑하는 아내가 있다. 촘촘한 추위에 눈물과 콧물을 번갈아 촉촉이 한두 방울씩 적시는, 예쁘지 않은 아내의 모습이 어제도 오늘도 그리고 언제라도 예쁘다. 역설적이게도, 예쁘지 않을 때 더 예쁘다.

## 역설을 아는 내가 전문가로서 뉴스에 나간다면
·····

20~30대가 심리적으로 불안하여 우울증이 큰 폭으로 증가하고 있다는 뉴스가 연일 보도된다. 어른들의 쯧쯧 혀 차는 소리가 들리는 것 같은 뉴스이다. 뉴스에서는 전문가가 나와 "높아지는 실업률과 낮아지는 임금으로 우울증이 증가하고 있다."라고 분석한다.

해결책도 내려준다. "정부와 기업은 양질의 일자리를 늘리고, 청년들은 공무원과 대기업에만 보지 말고 다양한 기업에 눈을 돌리는 혜안이 필요하다." 뉴스 꼭지의 마지막에는 ○○경제연구소 간판 앞에 선 기자가 심각한 표정으로, "이상 ○○○ 기자였습니다."라고 말한다.

20~30대의 심리적 불안정성으로 인한 우울증을, 60~70대 전문가가 경제적 불안정성으로 인한 우울증으로 진단하고 있는 것에 어이없는 웃음이 난다. 정규직과 비정규직을 가릴 것 없이 요즘 젊은 세대는 가볍든 무겁든 대부분 우울증을 앓거나 알았던 적이 있다.

정신과 진료에 대한 문턱이 낮아져서 예전보다 쉽게 치료를 받을 수 있는 것도 이유 중 하나겠지만, 그만큼 지금의 시대가 젊은 사람들에게 너무도 이상적인 기준을 요구하고 있기 때문이기도 하다. '누구는 내 나이에 이런 차를 타고, 이런 집에 살고, 이런 문화를 누리는데 나는 왜 이러고만 있을 수밖에 없을까?' 하는 불안감이 우울증의 원인인 것이다. 깊은 슬픔이 밀려온다.

'웃긴데 슬픈 뉴스, 웃픈 뉴스'라는 역설적인 탄식이 나온다. 내가 전문가로서 뉴스에 나온다면, 나는 다음의 분석을 내겠다.

"스스로를 따라 할 수 없는 이들과 비교하기 때문입니다. 우리와 다르다는 것을 알면서도, 나는 그들과 왜 다를까 하는 생각을 지속적으로 합니다."

내가 전문가로서 뉴스에 나온다면, 나는 다음의 해결책을 내겠다.

"하지만, 여러분은 모두 사랑스럽습니다. 사랑스럽지 않은 모습이라고 생각한다면, 그 생각은 완전히 틀린 생각입니다. 사랑스럽지 않아도 사랑스러운 것이 바로 우리의 삶이기 때문입니다."

## 들을 맛 나는 언어의 조미료

### 신입 사원의 말이 꼬이는 이유
·····

**아… 저… 그게… 음, 그러니까**

회사 공채가 끝났고, 내가 속한 팀에도 신입 사원이 배정될 것
이라는 소식이 들렸다. 인사 팀장 말로는, 명문대를 경영학과
를 졸업하고 엄청난 스펙에 유려한 말솜씨까지 갖춘 엄청난
인재가 온다고 했다. 거기다가 키도 크고 얼굴도 하얗고 잘생
겼다고 덧붙였다. 팀원들은 신입 사원이 오기 전부터, 드디어
우리 팀에도 천하의 인재가 오는구나 하고 두 손을 들고 반길
준비를 하고 있었다.

정식 출근일 전에, 신입 팀원으로 배정된 김 사원이 회사로 인
사를 왔다. "인사성도 좋은 친구구먼." 팀장이 요즘 사람답지
않게 예의도 바른 친구라면서 칭찬을 하면서 팀원들과 인사
를 시켰다. 이왕 온 김에 점심 식사라도 같이하고 가라고도 제

안했다. 김 사원은 "영광입니다."라고 대답하고 팀원들의 식사 자리를 함께했다.

어떤 질문에도 차분하게 주어와 서술어를 모두 갖춘 문장으로 또렷하게 말하고 있는 김 사원을 보고 있노라니, 나의 허둥지둥했던 옛 시절이 떠올랐다. 역시 90년대생들은 달라. 나는 나의 부끄러운 옛 시절과 대조적으로 당당한 김 사원의 모습에 괜히 뿌듯했다. 그리고 김 사원의 정식 출근이 시작되었다. 명확하고 유려하게 말을 하던 김 사원이 몇 번의 회식과 남자 선배들과의 커피 타임을 수차례 갖더니, 말투가 완전히 바뀌었다. 나의 허둥지둥했던 옛 시절처럼 말이 꼬이는 습관이 생긴 것 같았다. 예전이라면 "저는 이렇게 생각합니다."로 끝날 대답을, 지금은 "아… 저… 그게… 제가 이렇게 했는데요. 음 그러니까."로 하고 있었다. 언뜻 보기에는, 일부러 그렇게 말하는 것처럼도 보였다.

신입으로 들어오는 사원들은 처음에는 각자의 말투가 있다. 하지만, 몇 번의 회식을 거치고 같은 성별의 선배 직원들과의 커피 타임을 거치면 표현이 비슷해진다. 그 표현을 보강하거나 대체하는 억양이나 속도 악센트도 비슷해진다. 그리고 비슷한 말버릇이 생긴다. 말이 길어지고, 그러다 보니 말이 꼬이는 습관이다. 문장의 마지막 서술어의 종결어미를 흐리게 말하는 것도 특징적이다.

입사 처음에는 주어와 서술어를 갖춘 완벽한 문장을 하지만, 이

내 둔하고 흐리멍덩한 문장을 구사하게 된다. "신입 사원은 스스로가 바보라고 생각하고, 하나부터 끝까지 선배들에게 물어보라."라는 유명한 말을 너무 충실하게 따라서 그럴까? 언뜻 보기에는 모두가 바보 같은 말하기 전염병에 걸린 것처럼도 보인다.

하지만, 이러한 말투는 직장 선배들과의 대화에서만 나타난다. 클라이언트를 만나거나, 공식적인 프레젠테이션 자리에서는 명확한 언어를 구사한다. 이들은 왜 선배들과의 대화에서만 말이 꼬일까? 직장은 학교와는 다르다. 학교에서 학생들의 실수는 배움의 과정에서 일어나는 당연한 순서이고, 교사는 이러한 오류를 유심히 보고 교육적 처치를 내린다.

직장에서 직원의 실수는 누군가 반드시 메워야 하는 부가적인 일이 된다. 신입 사원이 소위 '펑크'를 낸다면 선배 직원이 그것을 메워야 한다. 신입 사원이 일을 제대로 하지 못하는 것은 당연한 일이지만, 그 과정에서 오히려 당당한 모습을 보인다면 선배는 다음부터는 선뜻 나서려고 하지 않는다. 그래서 신입 사원들은 선배들에게 공손한 태도를 보이려 애쓴다. 같은 말이라도 가급적 예의 있게 하려고 하다 보니, 말이 길어진다. 말이 길어지면 자연스럽게 말이 꼬이게 된다. 이런 이유로 신입 사원들은 점점 이상한 말하기를 보이는 것이다.

## 말은 천천히, 목소리를 높게, 어조는 공손하게

• • • • •

### 회사 생활 핵심은 소통이고, 소통은 애티튜드가 중요해

입사 동기가 한 명 있다. 나는 그와 비슷한 수준의 대학교를 나왔고, 동일한 학과를 전공했다. 내가 볼 때는 업무 능력도 비슷했다. 그런데, 그는 누가 보더라도 부러울 인화 지향적인 모습을 가지고 있었다. 나는 정반대였다. 그는 사람들과 잘 어울리는 융화력이 좋았고, 때로는 사람들을 이끄는 리더십이 돋보였다.

"너는, 하나 아티스트야. 둘 차분한 성격이야. 그리고 매력적인 세계."

술자리에서 그가 나를 칭찬하며 말을 했다. 그 짧은 문장에도 위트를 살려서 하나-둘-세계라는 말장난까지 사용했다. 그의 말은 고맙고 유쾌했다. 내가 그에게 품고 있던 질투를 내려놓게 만들었다. 정확하게는 그 앞에서 나의 공고한 시기의 성벽이 모조리 무너졌다.

그래서 그에게 진심으로 조언을 구했다.

"어떻게 하면, 너처럼 사람들과 잘 어울리면서, 사람들을 잘 이끌 수가 있을까? 너는 별 게 아니라고 겸손하게 말하겠지만, 나는 그걸 못하거든. 나는 그런 것보다 다른 것을 잘한다는 정신 승리도 그만하고 싶어. 뭐부터 시작하면, 아니 바꾸면 좋을까?"

그는 나에게 술을 따르면서, "회사 생활은 소통이 핵심이고, 소통에서는 애티튜드가 중요해."라고 말했다. 그는 너무도 당연한 말을 하고 있었다. 내가 고개를 갸웃거리자, 그가 이어서 말했다.

"맞다 혹은 아니다라고 확답을 내리는 습관을 버려야 해. 가볍고 일상적인 대화에서도 말을 천천히 높은 목소리로 공손한 어조를 보여야 한다고. 말 내용인 콘텐츠가 아니고 말하는 태도인 애티튜드가 중요해."

이길 때가 있으면, 질 때도 있다. 사람 사이의 관계란 무릇 그런 것이다. 사람을 사귀고 관계를 좁혀가다 보면, 그것을 인정해야 할 때가 온다. 하지만, 바보들은 그럴 줄을 모른다. 그들은 가벼운 말다툼도 어떻게든 이기려고 한다. 직장 동료는 물론이고 상사에게까지도 자신의 논리가 옳다고 끝까지 주창한다.

그들은 그들의 논리가 틀림이 없다고 믿는다. 그래서 말하는 속도를 빠르게 한다. 머뭇거림이 없을 정도로 확실하다는 태도를 보이고 싶기 때문이다. 또한 낮은 목소리로 자신의 확신과 말하는 내용에 대한 스스로의 위엄을 돋보이려 한다. 그리고 꼼꼼하고 차가운 어조로 듣는 이에게 긴장을 준다. 직장 동료나 후배에게 논리적으로 면박을 당한 상대는 최후의 수단을 쓴다.

"말하는 본새가 왜 그따위야?"

상대가 말투를 물고 늘어지기 시작하면, 결론은 둘 중 하나다. 똑같이 "그런 당신은 말하는 태도가 왜 그러냐?"라는 말로 시작되는 진부하고 유치한 말투 싸움이 시작된다. 혹은 자신의 논리에 확신에 찼던 사람이 한숨을 쉬면서 말을 공손하지 못하게 한 것은 죄송하다고 사과를 하고 다시 진부한 말다툼을 해야 한다.

윗글의 '나'는 바보 같은 사람이다. 아티스트처럼 자신만의 논리를 갖고, 차분하고 꼼꼼하게 상대와 대화를 하면서, 쉽게 물러나지 않는다. 능력 있는 직장인의 모습처럼 보이지만, 나는 사람들과 융화되고 사람들을 이끄는 리더십을 부러워한다. 내가 부러워하는 능력을 갖춘 입사 동기는 조언한다. 확신에 찬 어조를 버리고, 천천히 높고 공손한 말하기를 보이라고. 반언어적 표현에서 공손함을 드러내라는 것이다. 그러면 융화력도 리더십도 따라온다.

## 팀장은 나를 스펙으로 평가하지 않는다
·····

### 능력 있고, 성실하고, 예의 바르고, 겸손하기까지

나의 아버지는 중학교만 졸업하고, 학교생활 대신 사회생활을 시작했다. 고등학교에 진학하는 대신 소작농인 부모님의 농사를 도왔다. 농한기 때는 공장에서 잡부 역할을 했다. 그렇게 해야 겨우 한 가족이 보릿고개 없이 부족함 없이 먹을 수 있었다. 군대를 아주 이른 나이에 다녀온 것도, 군필자로서 하루라도 일찍 취업하고 싶어서였다.

경제 성장기라는 시대에 맞물려, 아버지는 군대를 제대하고 곧바로 회사에 취직을 했다. 그때부터 40년간 직장생활을 했다. 긴 회사 생활을 아버지가 끝내 퇴직을 한 것은, 내가 안정적인 직장에 취업했을 때였다. 첫 출근을 하기 전에, 아버지는 나를 불렀다. 그리고 반드시 기억하라고 하면서 내 눈을 뚫어지게 쳐다봤다. 뒤통수까지 아버지의 시선이 뚫고 지나가는 것 같았다.

"아들, 회사에서는 일을 제시간에 처리하면 능력 있다고 평가한다. 회사에서는 출근을 일찍 하는 사람을 성실하다고 평가한다. 회사에서는 인사 잘하는 사람을 예의 바르다고 평가한다. 회사에서는 높은 어조로 부드럽게 말하는 사람을 겸손하다고 평가한다."

아버지. 그러니까 일은 제시간에, 출근은 일찍, 인사는 열심히, 말할 때는 부드럽게 하면 되는 건가요? 말은 정말 쉬운데, 이런 사람들이 회사에 있어요?

"모두 다 지키는 사람들은 거의 없지. 그러니 이런 사람들이 인정받는다. 대부분 이 네 가지 중에 한두 가지는 못 지켜. 가령, 일도 잘하고 출근도 일찍 하고 인사도 잘하는데 딱딱하게 말하는 사람이 있으면, 이 사람은 능력 있고 성실하고 예의 바르지만 겸손함은 떨어진다고 평가받는 게 아니야. 잘난 척만

오피스 드라마에서는 능력 있는 주인공의 당당하고 단호한 모습이 멋지게 그려진다. 이들은 돋보이는 능력을 바탕으로, 괴짜 같은 성격에 주변 사람들을 무안하게 하는 괴팍함이 있지만 아무도 주인공을 찍어 누를 수 없다. 주인공이 없으면, 회사의 중요한 프로젝트가 진행이 안 되기 때문이다.

이런 매체 영향 때문인지, 회사 경험이 없는 취업 준비생들은 업무 처리 능력과 스펙을 회사원이 갖춰야 할 가장 중요하게 갖추어야할 것으로 생각한다. 하지만, 회사에 들어올 정도라면 직원들의 업무 처리 능력과 스펙은 기본적으로 비슷하다. 기본적으로 갖추어 있는 것이다. 아주 뛰어난 사람이라면, 이 회사보다 훨씬 대우가 좋은 회사에 지원했을 것이다.

그렇기에, 윗글의 '나'의 아버지는 신입 사원으로 출근을 앞둔 아들에게 반드시 지키도록 노력해야 할 것 네 가지를 알려 주고 있는 것이다. 회사에서 아무도 못하는 어떤 일을 해내는 슈퍼 히어로와 같은 업무 처리가 아니라, 마감 시간에 맞게 일을 끝내는 것을 강조한다. 출근을 일찍 하는 사람들이 직장 상사들이기 때문에, 그 시간에 맞춰서 회사에 있으라는 것이다.

'인사 공화국'이라는 말이 있을 정도로, 우리나라 어른들은 인사를 중요시하기에 인사를 제대로 하라고 조언한다. 그리고, 부드러운 말투로 높은 어조로 말하라고 한다. 회사에서 매번 웃는 얼굴을 보이는 것은 힘든 일일뿐더러, 진중하지 않다는 평을 받을 수도 있다. 그러다 보면 표정 없는 얼굴로 말하게 되는데, 이때 반언어에서 겸손함을 한껏 살려 말하라는 것이다. 이럴 때 좋은 평가를 받을 수 있다는 것이다.

## 강한 악센트와 조용한 침묵을 컬래버레이션
·····

### 내 말에 집중하게 하는 가장 조용한 방법

사는 곳 가까이에 대형 프랜차이즈 카페가 생겼다. 커피도 팔고 케이크도 고를 수 있는 좌석이 많은 큰 카페였다. 저녁에 아내가 "새로 생긴 카페에서 오픈 행사로 커피 두 잔에 케이크 하나 먹으면 머그잔을 준대, 지금 가서 음료랑 케이크 먹고 오자."라고 제안했다.

흔쾌히 그러자고 대답한 것이 부끄럽게도, 나는 소파에 누워서 한동안 빈둥거렸다. 아내는 그런 내 모습에 화를 냈다. "이렇게 늦게 가면 사람들 많아서 북적거린다고. 지금이라도 빨리 챙겨서 가자."

나는 아내의 말투에 심상치 않음을 느끼고, 휴대폰을 챙겼다. 그런데 하필, 휴대폰 배터리가 간당간당했다. 나는 옷을 대충 챙겨 입고, 휴대폰 충전기를 주머니에 쑤셔 넣었다.

카페에 갔는데, 휴대폰을 충전할 만한 곳은 이미 부지런한 사람들이 모두 차지하고 있었다. 겨우 두 자리가 나서 그리로 커피와 샌드위치를 들고 자리를 잡았다. 그런데, 콘센트 두 구를 옆자리에 앉은 한 명의 여고생이 모두 차지하고 있었다. 체육복 바지와 교복 치마를 컬러버레이션해서 입은 학생은. 콘센트 하나에는 노트북을, 나머지에는 휴대폰을 연결해서 충전하고 있었다. 먼저 차지한 사람이 우선이긴 하지.

그런데, 40분이 지나도 학생은 여전히 코드를 뽑지 않았다. 나는 학생에게 말했다.

"저기, 충전 다 했으면 제가 해도 될까요?"

내 말에 학생은 아무런 대꾸도 하지 않고, 콘센트만 휙 뽑았다. 귀에는 하얀색 이어폰이 꽂혀 있었다. 나는 기분이 상했다. 그래서 다시 학생을 불렀다. 한 글자 한 글자 악센트를 줘서 또박또박 발음했다. "저기요." 그리고 아무런 말도 하지 않고 눈을 쳐다봤다. 그러자, 학생이 이어폰을 빼고 귀를 갖다 대고 "네? 제가 무슨 잘못이라도⋯."라고 말했다.

대중가요의 인기 순위권에는 컬래버레이션한 곡들이 많이 올라 있다. 음악의 경우에는 음악가끼리 피처링이라는 형식으로 이루어진다. 이렇게 만들어진 노래는 음악가들의 장점이 서로 시너지 효과를 발휘해 독특한 음악적 감성을 증폭시킨다. 래퍼의 날카롭고 묵직한 랩과 싱어의 부드럽고 촉촉한 보컬이 만나면 쓴 커피에 달콤한 아이스크림이 만난 아포가토를 음미하는 느낌이 든다.

윗글의 '나'는 저녁에 약속을 지키지 못한 죄로, 아내에게 면박을 당했다. 더 큰 화를 입기 전에, 부랴부랴 충전기를 챙겨서 카페로 갔다. 거기에서 다 떨어져 가는 휴대폰 배터리를 충전하려 하는데, 이미 콘센트를 차지한 여학생은 비켜줄 생각이 없다. 상식적으로 충전이 충분히 될 만한 시간이 지나고, 나는 학생에게 콘센트를 써도 되냐고 물었다.

학생은 아무런 대꾸도 없이 콘센트에 꽂힌 자신의 충전기 코드를 '휙' 뽑는다. 시리나 빅스비조차도 말을 걸면 어떤 식으로든 대답을 하는데, 바로 옆자리에 앉은 사람인 학생이 그런 모습을 보이니 기분이 상한다. 그렇다고 자리를 박차고 학생에게 방금 보인 행동을 큰 소리로 일갈할 수 없다. 여기는 카페이다.

그래서, 나는 강한 악센트를 실어 음절마다 힘을 준다. 저 기 요. 학생은 이어폰을 꽂았지만 분명히 들리는 그 말에 심상치 않음을 느낀다. 그래서 고개를 돌렸더니 자신을 최소한 삼십 센티미터를 뚫고도 남을 눈빛으로 누군가가 본다. 아무런 말도 하지 않는다. 학생이 먼저 말을 한다. 나는 가장 조용한 방법으로 학생을 집중시켰다. 반언어, 강세를 사용한 것이다.

## 책 읽기에도 반¾언어적 표현이 중요해진 시대, 왜일까?
·····

베른하르트 슐링크의 소설을 원작으로 한, 영화 〈더 리더The Reader〉에서 가장 잔잔하면서도 여운이 남는 장면은 마이클이 한나에게 책을 읽어 주는 장면이다. 이들의 사랑은 육체적인 관계에서 시작하여, 정신적인 관계로 발전한다. 한나가 책을 들으며 책에 집중하는 장면은 정신적 사랑의 결정적 시퀀스이다.

팟캐스트 순위권에는 항상 책을 읽어주는 채널이 올라와 있다. 책을 보는 사람이 너무도 적어서, 출판 시장이 역사적인 불황기라는 점을 생각해보면 놀라운 현상이다. 출판 시장의 불황은 매체에 익숙한 세대들이 더 이상 종이책을 보지 않기 때문인데, 이런 세대가 가장 많이 이용하는 팟캐스트에서 책을 읽어주는 채널이 인기 있다는 사실은 의아한 일이다.

이제 사람들은 활자화된 책을 읽는 것을 꺼린다. 그럼에도 재미있는 이야기와 깊이 있는 통찰을 듣고 싶어 한다. 라디오는 지극히 얕고, 유튜브는 너무도 짧다. 이것은 매스미디어라는 라디오와 시청 횟수로 수익을 실현해야 하는 유튜브의 특성이기에 바뀌기가 어렵다. 그래서, 사람들은 누군가 맛깔나게 책을 읽어주는 팟캐스트 채널을 구독하고, 출퇴근 시간에 듣는 것이다.

물론, 팟캐스트 채널은 저작권 문제로 책의 전문을 읽어 주는 것이 어렵다는 아쉬움이 있다. 그래서 최근에는 오디오북이라는 새로운 전자책 서비스가 등장했다. 감정이 뚝뚝 묻어나는 연기를 떠올리면 바로 생각나는 명배우가 책을 읽거나, 등장인물의 대사와 행동의 의미를 잘 알고 있는 소설가가 글을 읽는다. 책에 알맞은 반언어를 스스로 찾아 글맛 나게 읽는 것이다.

반언어의 '반'은 '반대'의 의미가 아니라, '나눈 것의 한 부분'이라는 의미이다. 그래서 언어에 반대한다는 뜻이 아니라, 언어에 얹혀 그 의미를 더해주거나 표현 효과를 부각하는 역할을 하는 것들이다. 언어를 말할 때, 어떠한 방식으로는 반드시 실현되는 것이다. 필연적으로 따라붙는다는 것은, 쓰는 사람은 간과하기 쉽다는 것이다.

반언어라는 것이 말하는 사람은 크게 신경 쓰지 않는데, 듣는 사람은 매우 신경을 쓴다. 특히 그 관계가 아주 오래전부터 밀접하게 유지된 가족이 아니라면, 오해를 주기 십상이다. 연애 초기의 애인, 회사 동료들, 클라이언트, 오랜만에 만난 친척, 가끔씩 만나는 친구. 이들은 화자의 진심을 언어보다, 언어에 실린 반언어에서 확인하는 경향이 있다.

이렇듯 반언어는 말할 때 그 사람의 특징적인 성조, 억양, 강세, 리듬, 속도를 의미한다. 이것은 사람들, 특히 청자들 사이에 암묵적인 약속으로 인식되는 경향이 강하다. "이 친구는 리듬을 타는 것이 아니라 리듬을 갖고 노는 춤 천재입니다."라는 말처럼, 전달 효과를 위해서 일부러 이런 반언어의 암묵적인 룰을 깨는 것은 효과적이다. 하지만, 자신도 모르게 상황에 맞지 않는 반언어를 쓴다면, 누군가 자신의 말을 녹음하고 있다고 생각해보는 것도 좋은 방법이다.

이러한 반언어를 잘 쓰는 사람들이 윗글에 나오는 책 읽어주는 팟캐스트나 오디오북을 녹음하는 배우나 작가들이다. 묵직한 느낌의 영국 소설을 콜린 퍼스가 중후한 느낌을 한껏 살려 읽는다면, 그 작품을 이해하고 감상하는데 큰 시너지가 된다. 다른 사람의 말을 들을 때 반언어에 집중하는 것처럼, 말할 때도 반언어를 신경 써서 한다면 같은 말이라도 더 큰 반향을 일으킬 것이다.

## 소리 없이 강한 몸의 메시지

### 상급자의 영혼 없는 칭찬이 불쾌한 이유
· · · · ·

**칭찬하는 입과 그렇지 못한 다리**

나는 계약직 교사이다. 귀찮고 어려운 일은 당연히 나를 포함한 젊은 기간제 교사 담당이다. 다들 쉬는 주말에 해야 하는 일도 매번 '젊은', '기간제' 선생님 담당이다. 나이 많은 정규 교사들은 수업 시수가 한 시간만 많아도 교감에게 언성을 높인다. 교감은 그럴 때면 젊은 기간제 선생님들에게 어려운 일인 줄 알면서도 부탁하고 명령한다. 그렇지 않아도 많은 수업 시수에 한두 시간을 더 얹어 준다.

매년 재계약을 통해, 일자리가 연장 안 될 수도 있는 계약직 교사는 수업 시수를 늘이고 계약을 연장하는 방법뿐이다. 나이 많은 정규 교사들도 이런 점을 알고 있기에, 어떻게든 해결 방법이 있다는 것을 알고 있기에 교감과 언쟁을 벌이는 것이다. 정규 교사만 있는 학교라면 수업 시간을 갖고 다투는 일은 없다. 양보하는 사람이 없기에 해결이 안 되기 때문이다.

일이 해결되면 교감은 기간제 선생님들을 불러 모아 말한다.

"여러분들 덕에 학교가 돌아갑니다. 여러분들은 나이가 어리지만 나를 포함한 모든 정규 교사들보다 인성과 실력이 나은 사람들입니다. 존경합니다."

여기서 문제, 교감은 마지막 대화에 몇 프로의 진심을 담았을까?

정답은, '마이너스 백 프로'이다.

영화 〈공공의 적〉에서 펀드매니저의 부모가 죽는 사건이 발생한다. 경찰에서는 피해자의 아들인 펀드매니저에게 간단한 것 몇 가지를 묻는다. 펀드매니저는 죽은 부모를 생각하면서 눈물을 흘리며 고개를 숙이는 모습을 보인다. 그런데, 다리를 달달 떨고 있다. 이 모습을 한 형사가 보고 직감적으로, 펀드매니저가 자기 부모를 죽인 범인이라고 생각한다.

윗글의 교감은 평소 다른 교사들 앞에서 우리를 존중한다고 말한다. 어려운 일을 도맡을 때면, 능력 있는 기간제 선생님 덕에 우리 학교가 이렇게 굴러간다고 치켜세운다. 그러면서 기간제 선생님을 보지 않고, 모니터를 본다. 다리를 달달 떤다. 손톱을 튕긴다.

교감을 칭찬을 말하지만, '나'는 위선을 본다. 교감은 진심을 다해 칭찬하는 말을 했다고 생각하지만, 나는 의미 없는 입에 발린 말을 듣는다. 아무 말을 안 들었을 때보다 기분이 나쁘다. "착하지? 그럼 이거 해야지."라는 말을 듣는 유치원생이 놀림당하는 마음과 같다.

상급자가 하는 '입에 발린 말'은 듣는 하급자의 입장에서는 달콤한 당근이 아니다. 더구나, 상급자가 입에 발린 말을 하면서, 말의 내용과 완전히 상반되는 거만한 제스처를 보인다면, 그것은 듣는 이에게는 굴종이자 치욕이다. 더러운 기분만 느낄 뿐이다.

## 그날 이후, 어떤 말도 진심으로 느껴지지 않았다
·····

### 교감이 방귀를 부와와왁 뀌었다

여름 방학 전 전체 교직원 회식 자리였다. 친한 사람들끼리 앉다 보니 자연스럽게 기간제 교사 테이블이 만들어졌다. 술잔이 돌고, 건배가 이어지면서 사람들은 기분이 가벼워졌다. 평상시에는 주고받지 않는 말들이 오고 갔다. 사람들은 평소 보이지 않던 진심을 얼핏 얼핏 보였다.

그때 한껏 취한 교감이 우리 쪽 테이블로 왔다. 기간제 교사들은 자연스레 자세를 바로 고쳤다. 기간제 교사들의 잡담이 줄어들었다. 갑자기 '부와와왁' 교감이 방귀를 뀌었다. 신기하게도, 나는 3개월 동안 못 봤던 교감의 본모습을 봤다. 방귀 소리로 진심을 본 것이다. 이후의 말과 행동은 더 충격적이었다.

"왜! 방귀도 못 뀌나!"

'부와와왁'

업신여김을 받은 기간제 교사들은 불쾌한 표정을 감추지 못했다. 교감과 교장이 있는 자리에서, 기간제 교사가 가서 방귀를 일부러 그것도 두 번이나 뀌었다고 해도 교감은 자연스러운 생리 현상이라고 할 수 있을까. 나는 당장이라도 자리를 박차고 나서고 싶었다. 이런 인간적인 모욕감은 군대에서 구타를 당한 이후 처음이었다.

나보다 더 행동력이 있는, 40대 음악 기간제 교사가 자리에서 벌떡 일어섰다. 그리고는 아무 말도 하지 않고, 가방을 챙겨 자리를 나갔다. 교감은 그 모습을 보고 고개를 절레절레 흔들었다. 나머지 기간제 교사들은 이러지도 저러지도 못하고 있었다.

단위 학교에서 교감은 학교의 업무 전반을 통괄하는 자리이다. 학교장이 학교의 최고 책임자로서 의사 결정을 한다면, 교감은 교장이 의사 결정할 수 있는 선택지를 만드는 일을 한다. 기간제 교사의 재계약은 보통 교감이 도맡는다.

김영란법이라고 불리는 부정청탁 금지법이 시행되기 전에는, 재계약 기간이 되면 교감 서랍에 각종 상품권이 쌓였다는 것은 공공연한 비밀이었다. 아직도 일부 학교에서는 그런 폐습이 남아 있어, 가끔 언론의 제보를 통해서 민낯이 드러나지만, 대부분 학교에서 이제는 그런 모습을 찾을 수 없다.

하지만, 여전히 교감이 기간제 교사의 재계약 여부에 큰 영향이 미치는 것은 변함이 없다. 완벽한 갑을 관계이다. 이러한 것을 갑과 을 모두가 인지하고 있기에, 사람과 사람으로서 마땅히 지켜야 할 선을 아슬아슬하게 넘는 경우가 생긴다. 대놓고 넘는 경우도 있다. 윗글은 대놓고 선을 넘은 경우이다.

윗글의 '나'는 단지 두 번의 교감 방귀 소리를 듣는다. 3분이 안 되는 시간이다. 나는 여태 본 3개월 동안의 교감 모습이 거짓이었고, 방금 본 3분이 교감의 진짜 모습이라고 확신한다. 상종을 말아야겠다고 마음속으로 다짐하지만, 이런 취급을 받는 내 처지가 억울하다. 당장이라도 테이블을 엎고, 교감이 테이블과 함께 나뒹굴면, 엉덩이를 걷어차 버리고 싶다. 더러운 엉덩이에 발길질 한 방 쏘고 싶다.

## 때로는 한마디 말보다 습관적 행동에 더 큰 진심이
**·····**

좋은 대화법과 참된 글쓰기는, 나의 진심을 백 프로 전달하는 것이다. 신기하게도, 우리가 진심을 다해서 신경을 써서 말하고 글을 쓰면 사람들은 가식이라고 생각한다. 오히려 우리가 별로 신경 쓰지 않고 의미를 담지 않은 제스처와 눈빛에서 진심을 읽는다. 위 사례에서의 교감의 방귀는 지독한 제스처이다. 그래서 '나'는 교감의 더러운 진심을 알고 분노하는 것이다.

독서 인구가 급격히 줄고 출판계가 어려운 이유도 여기에 있다.

작가는 진심을 다해서 썼다고 생각하지만, 독자들은 글자로 표현된 것만으로는 작가의 진심을 느끼지 못한다. '돈 벌려고 책 냈군'이라고 생각할 뿐이다.

이제 사람들은 언어적 표현인 말과 글을 신뢰하지 않는다. 거짓과 허위로 본다. 사실과 진실은 언어적 표현이 아니라, 보이는 습관과 표정에서 알 수 있다고 생각한다. 우리가 신경 써서 하는 말 열 마디보다, 나도 모르게 나오는 습관적 행동이 중요하다. 비언어적 대화법이 중요한 이유이다.

비언어의 '비'는 '아니다'라는 의미의 '非'이다. 즉 말이나 글이 아닌 방법으로 의사나 감정을 전달하는 것이다. 몸짓, 손짓, 표정, 의상을 통틀어 가리킨다. 가령, 장례식장에 어두운 색 옷을 입고 가는 것은 조문이라는 의미이며, 결혼식장에 어두운 색 옷을 입고 가는 것은 신부를 돋보이게 만들어 주겠다는 의미이다. 진심으로 위한다고 말하면서, 밝은 색 옷을 입고 장례식장이나 결혼식장에 오는 사람이 있다면, 그 누구도 그 사람의 말을 진심으로 받아들이지 않는다.

## 내가 인정받을 수 있는 말하기
· · · · ·

> **고마움을 표현할 길이 없어, 더 큰 소리로 인사한다**
>
> 나는 계약직 교사이다. 귀찮고 어려운 일은 당연히 나를 포함

한 젊은 기간제 교사 담당이다. 다들 쉬는 주말에 해야 하는 일도 매번 '젊은', '기간제' 선생님 담당이다. 나이 많은 정규 교사들은 수업 시수가 한 시간만 많아도 교감에게 언성을 높인다.

교감은 교직 경력도 많은 사람들이 왜 이렇게 이기적이냐며 함께 언성을 높인다. 여러분이 넘기는 그 한 시간은 담임에 업무에 지친 젊은 기간제 선생님들이 가져간다고 말하며 일갈한다. 일이 해결되고 교감은 다시 업무를 본다.

나는 고마운 마음을 교감에게 표현할 길이 없어 퇴근 시간에 조금 큰 소리로 "오늘 수고 많으셨습니다."라고 말하며 고개를 숙인다. 교감은 매일 하던 대로 자리에서 일어나 고개를 숙여 인사한다. 입꼬리는 옅은 미소 모양이다.

여기서 문제, '나'는 마지막 교감의 옅은 미소를 보고 무엇을 느꼈을까?

정답은, '교감校監에게서 느끼는 진정한 인간적인 교감交感'이다.

가장 좋은 방법은 내가 좋은 사람이 되는 것이다. 고대 그리스의 아리스토텔레스가 말한 에토스의 중요성이다. 어떤 사람을 신뢰할 만한 가치가 있는 사람으로 만드는 것은 인품이다. 이러한 인품은 여태 우리가 확인한 그 사람의 모든 것으로 이루어진다. 특별한 사건이 될 수도 있겠고, 말할 때의 제스처나 시선이 될 수도 있다.

위 학교의 교감과 같은 사람은 무슨 말을 하든, 심지어 상대에게 부담을 줄 수밖에 없는 상황일지라도, 사람들은 그 진심을 그대로 받아들인다. 여태 '나'는 교감의 모든 면을 보면서 뛰어난 인품을 확인했기 때문이다. 교감을 신뢰하는 것이다.

평소 다른 교사들 앞에서 기간제 교사들을 존중한다고 말할 필요도 없다. 어려운 일을 시킬 때, "능력 있는 기간제 선생님 덕에 우리 학교가 이렇게 굴러간다."라고 치켜세울 필요도 없다. 위 학교 교감은 말할 때, '틀림없이' 기간제 교사를 제대로 보고, 다리를 모으고, 손을 가지런하게 하고 말할 것이다. 비언어에서 인품을 확인하는 것이다.

교감을 힘든 일을 주지만, 기간제 교사는 인정받는 느낌이다. 교감은 어려운 부탁을 했다고 생각하지만, 기간제 교사는 당연히 할 수 있는 일을 준다고 생각한다. 괜한 우스갯소리나 입에 발린 말을 안 들어도 기분이 좋다. 누구에게 가서 자랑하고 싶은 마음이다. 예의 있는 비언어가 진심을 전달해 준 것이다.

## 아홉 마디의 행동에 한 마디의 말
·····

> **진짜 어른, 나도 저런 어른이 되어야겠다**
>
> 나는 기간제 교사로 근무했던 시절, 교감과는 말할 일이 거의

없었다. 아침에 교무실에 들어오면서 인사를 주고받는 것만이 유일한 대화였다. 아침마다 교감은 젊고 보잘것없는 나를 볼 때마다, 자리에서 일어나 90도로 인사를 했다. 나는 생각했다. '와, 진짜 어른이다. 나도 저런 교사가 되어야겠다.'

여름 방학 전 전체 교직원 회식 자리였다. 친한 사람들끼리 앉다 보니 자연스럽게 기간제 교사 테이블이 만들어졌다. 술병이 돌고, 건배가 이어지면서 술이 사람들의 기분을 가볍게 했다. 평상시에는 주고받지 않는 말들이 오고 갔다. 평소 보이지 않던 진심을 얼핏 얼핏 보였다.

그때 한껏 취한 나의 어른 교감이 우리 쪽 테이블로 왔다. 기간제 교사들은 자연스레 자세를 고쳤다. 기간제 교사들의 잡담이 줄어드는데, 교감은 흰 봉투를 쥔 손을 몰래 나에게 내밀며 "이따 나가면 젊은 사람들끼리 차 한잔 마시세요."라고 말했다. 우리는 생각했다. '와, 진짜 어른이다. 나도 저런 사람이 되어야겠다.'

봉투를 받을 때는, 교감이 보인 낯선 행동에 놀라서 제대로 인지하지 못했다. 그런데, 봉투를 건넬 때, 차 한잔 마시라고 말할 때, 교감이 보인 그 따스한 눈빛과 고개를 푹 숙이는 그 배려심 가득한 제스처가 떠올랐다. 교감 선생님은 진심으로 좋은 사람이었다.

친밀한 관계로 오랜 기간 서로를 지켜본 가족이나, 짧은 시간이지만 하루 종일 생활하면서 모든 것을 금방 파악하는 합숙 생활이 아니라면 어떤 사람이 좋은 사람인지 알 수 없다. 단지 나에게 잘해주는 사람을 좋은 사람으로 판단하기에는, 나에게 잘해주는 목적이 순전히 나와 친밀한 관계를 위해서인지 아니면 다른 목적인지 알 수가 없기 때문이다.

이런 상황은 직장에서 더 그러하다. 직장인의 화술과 관련해서 많은 콘텐츠가 있는 것 또한, 이런 상황에서 내 진심을 상대에게 전달하기가 어렵기 때문이다. 내 진심을 효과적으로 표현하는 방법은, 사람들이 진심을 판단하는 '비언어적 표현'을 중심에 둬야 한다. 상대에게 호감을 드러내고 싶다면, 좋은 미소와 따뜻한 시선을 연습한다.

그럴듯한 말과 문학적인 글을 외우는 데 시간을 쏟을 필요가 없다. 내 진심을 드러내기 위해 필요한 것이 열 마디 말이라면, 그것을 한 마디로 줄인다. 남은 아홉 마디의 말은 눈빛과 미소와 제스처로 표현한다. 거기에 진심을 담도록 한다. 상대는 말보다 행동과 표정에서 자신이 존중받고 있음을 느낀다.

물론, 가장 확실하고 중요한 방법은 좋은 사람이 되는 것이다. 좋은 사람은 좋은 생각을 하고 좋은 행동을 하며 좋은 말을 하기 때문이다. 언어로 표현할 수 없는 충일한 신뢰, 바로 인품에서 뿜어져 나오는 비언어이다.

## 한국의 도스토예프스키가 남긴 시 한 편

소설계의 거장이라고 하면 톨스토이와 도스토예프스키가 떠오른다. 비슷한 시기를 산 이 둘은 유례없는 역작을, 그것도 여러 개를, 완전히 다른 작품 세계로 남겼다는 점에서 함께 언급되는 경우가 많다. 톨스토이가 명문 귀족으로 풍족함 속에서 작품 활동을 했다면, 도스토예프스키는 늘 궁핍함에 쫓기며 절박함에 글을 썼다.

나는 한국의 도스토예프스키를 한 명 알고 있다.

그는 나와 동네에서 함께 나고 자란, 30년을 알고 지낸 이웃 형이다. 그는 밤새 동네 피시방에서 게임을 하며 시간을 보냈고, 아침이면 아파트 놀이터에서 담배를 피웠다. 우연히 그와 만나면, 항상 나를 불러 세우고 일장 연설을 시작했다.

"스시집을 오픈할 거야. 육거리 스타벅스 옆 건물 1층에 100평대 가게를 열 거라고."

나는 그의 사업 계획을 10년 동안 듣고 있다. 그 사이에 그의 계획은 '오거리 카페베네'에서 '육거리 스타벅스'로 바뀌었다. 10년 동안 기존의 오거리는 새로운 도로가 뚫려 육거리가 되었고, 허니 브레드와 쓴 커피를 함께 팔던 카페베네가 사라진 공간에는, 망고 바나나와 오늘의 커피를 파는 스타벅스가 자리 잡았다.

좋은 게 좋은 거다. 나는 그렇게 생각하며, 그가 말하는 현실성 없는 계획을 10년이나 듣고만 있었던 것이다. 하지만, 그날은 말해야겠다는 생각이 들었다. 헛된 포부만 갖고 10년을 얼치기로 빈둥대고 있는 그에게 일갈해야겠다고 결심했다.

"형, 근데 돈은 있어요?"

잠자코 있던 내가 질문을 하자, 그는 화들짝 놀랐다. 그는 "어? 어? 야 인마. 누가 사업을 자기 돈으로 하냐. 다 빌려서 하지."라고 대답했다. 그러고는 갑자기 할 일이 생각났다면서 집으로 황급히 돌아갔다. '누가 형한테 돈을 빌려준대요?'라고 되묻고 싶었지만, 그는 이미 멀어진 상태였다. 내가 질문을 할까 봐 도망간 것도 같았다. 결과적으로 그를 가장 위한 사람이 나였기에 가장 상처를 준 사람 또한 나였다.

밤샘 게임으로 제대로 챙겨 먹지 않아 야윈 다리와 오랫동안 깎지 않아 덥수룩한 큰 머리가 점차 내 시야에서 사라져 갔다. 그 모습을 보면서, 부디 내가 한 말이 그의 열정에 불을 붙이기를 바랐다. 그날은 잠들기 전에, 도어스의 'Light my fire'를 몇 번이나 반복해서 들었다.

그날 이후 나는 그를 보지 못했다. 그는 더 이상 놀이터에 담배를 피우러 나오지 않았고, 피시방에서 게임을 하지도 않았다. 괜히 날 선 말로 그의 자존심을 후벼 판 것 같아서 미안하고 죄스러웠다. 그것이 아니라면, 내 일갈이 그에게 열정의 계기가 되길 바랐다. 그가 스스로의 밥벌이를 찾기 위해 노력하기를 기대했다.

그의 칩거 생활이 길어지자, 나는 궁금증이 생겼다. 밤늦게 그의 집 앞으로 찾아가 봤다. 그의 방 창문은 스탠드 조명 빛으로 환했다. 늦은 밤까지 전등이 켜져 있는 그의 방을 보고 나는 고개를 끄덕였다. 큰 소리로 그의 방 창문에 대고 소리쳤다.

"형! 뭐든 되어서 당당하게 만나."

그의 그림자가 창문에 잠깐 어린 것처럼 보였다.

내가 그를 다시 만난 것은 수년이 흐른 후 육거리의 스타벅스에서였다. 오랜만에 만난 그는 꾀죄죄한 몰골은 여전했지만, 예전과 달리 눈빛이 미친 듯이 빛났다. 그의 광기 가득한 눈빛에 압도당할 정도였다. 그의 눈을 제대로 보지 못해, 인중에 겨우 눈을 맞출 뿐이었다.

그는 더 이상 창업이니 요식업이니 100평대 가게이니 하는 허무맹랑한 이야기는 하지 않았다. 그는 꼭 필요할 때만, 그것도 매우 짧은 문장의 형태로 말했다. 그의 대답은 대부분이 "그렇다."와 "그렇지 않다."였으며, 불필요한 부사어나 관형어는 일절 쓰지 않았다. 나는 오랜만에 만난 그가 반갑기도 하고, 변한 모습이 흥미로워 계속 말을 걸었다.

"형, 부모님은 잘 계시죠?"

"그렇다."

"집은 예전에 살던 거기에서 살아요?"

"그렇지 않다."

"그럼 독립하신 거예요?"

"그렇다."

"독립하셨구나. 요즘에는 뭐 하고 지내요?"

"소설가."

그의 마지막 말은 전혀 예상하지 못한 대답이었다. 그 대답 이후로 시간이 꽤나 지났음에도 내 말문은 다시 열리지 않았다. 불꽃 같은 눈빛으로 나를 쏘아보며 자신을 소설가라고 말하는 그 앞에서 어떻게든 막힌 말문을 트려 애쓰다 보니 몸은 배배 꼬였다. 그렇게 꼬인 내 몸은 아주 우스운 꼴이 되었다. 그 모습은 흡사 나에게 일갈을 당하고 황급히 집으로 돌아갔던 예전 그의 모습이었다.

나는 한글을 처음 배우는 아기처럼 한 글자 한 글자 또박또박 다시 말문을 열었다.

"형, 스시집 한다더니 갑자기 소설가라니?"

그는 그게 그렇게 되었다면서, 앞으로 자신을 한국의 도스토예프스키라고 불러 달라고 말했다. 그러면서 매우 굵은 저음의 웃음소리를 냈다. 《지하로부터의 수기》의 소설 속 주인공이 현신해서 웃는 것 같았다. 소름이 돋았다.

한국의 도스토예프스키? 예전이라면 이 형이 또 헛소리를 하는구나 싶었겠지만, 확연히 바뀐 그의 엄숙한 분위기에 나는 꼼짝

할 수 없었다. 그의 말대로, 당장에 그를 한국의 도스토예프스키라고 불렀다. 그는 그 호칭이 맘에 들었는지, 술을 한잔 사겠다고 했다. 우리는 허름한 민족 주점에 들어가 가죽이 다 벗겨진 스툴에 앉았다.

세상의 신산을 다 겪은 듯한 몰골에서 엄청난 눈빛을 쏘는 그를 보고 있자니, 또 아무런 말이 나오지 않았다. 그 역시도 묵언 수행하듯 내 술잔을 노려보기만 했다. 내 술잔이 비면, 그는 "한잔해."라고 말하며 술을 따랐고, 나는 기계적으로 "네, 한국의 도스토예프스키."라고 말했다. 그렇게 우리는 만취했다. 술이 거나해지자 논리의 일상 세계에서는 할 수 없었던, 과감한 말들이 내 입에서 튀어 나갔다.

"한국의 도스토예프스키 형, 발표한 작품은 있어요?"

"그렇지 않다."

"요즘에 소설을 쓴다고 했잖아요?"

"그렇다."

"아니, 그럼 한국의 도스토예프스키라고 해도 발표한 작품이 없네요? 그럼 소설가도 아니고 한국의 도스토예프스키도 아닌 거잖아요."

"그렇지 않다."

한국의 도스토예프스키의 동문서답 같은 대답을 듣고 있자니, 나는 점점 그가 못마땅해졌다. 어떻게 발표한 소설 작품이 하나도 없는데, 스스로를 소설가라고 할 수 있으며 한국의 도스토예프스키라고 할 수 있단 말인가? 이건 그가 예전에 10년 동안 말하고 다닌 "시가지 한복판에 100평대 스시집을 열겠다."보다 더 큰 허풍이 아닌가?

예전과 달라진 성실하고 현실적인 형을 바랐건만, 여전히 똑같은 모습에 나는 기운이 빠졌다. 더 이상은 집요하게 추궁하기도 싫었다. 어차피 바뀌지도 않을 사람을 앞에 두고 좋지 않은 소리를 늘어놓아야 서로의 기분만 상할 게 분명했기 때문이었다. 몇 년 전에는 형이 바뀔 것이라 믿고 일갈했지만, 더 이상은 그렇지 않았다.

그래도 몇십 년을 알고 지낸 형이었다. 그의 기분이라도 좋게 맞춰주기 위해서, 그의 말장단에 놀아나기로 결심했다. 나는 그에게 혹시 써 놓은 소설 작품이 있는지를 물었다. 그는 휴대폰에 저장되어 있다고 했다. 나는 그것을 보고 싶다고 말했다. 그는 갑자기 나에게 화를 냈다.

"이 작품은 불세출의 명작이 될 것이다. 몇백 년을 스스로 살아남아 고전 중의 고전이 될 것이다. 그런데, 너는 이 명작을 공짜로 보려고 한다. 너에게 이것을 그냥 보여준다면, 나는 앞으로 너와 같은 사람의 제안을 모두 승낙해야 한다. 그러면 나는 글을 써서 돈을 벌 수가 없다."

그가 말한 대답의 뻔뻔함이 정신을 못 차릴 정도여서 나는 바로 설득당했다. 나는 그에게 그럼 한국의 도스토예스프키 소설가님의 작품은 언제 볼 수 있는 거냐고, 도서관에도 비치되는 거냐고 물었다. 그는 나를 괘씸한 놈이라고 욕하면서, "내 작품은 빌려 보지 말고, 반드시 사서 볼 것."이라고 말했다. 나는 작품이 나오기만 하면 반드시 그러겠다고 큰 소리로 대답했다.

내 대답 소리가 마음에 들었는지, 그는 "사실 나는 시도 잘 적는다. 그러니 너에게 시 한 편을 써주겠다."라고 말했다. 끝까지 염치없는 그를 보면서 나는 터지는 웃음을 겨우 참았다. 드디어 그가 말하는 명작을 엿볼 수 있다는 생각에, 자리에서 일어나 그에게 고개를 90도로 숙여 거짓 존경을 연기했다. 그는 내 연기의 상대역처럼, 나에게 자리에 다시 앉으라는 의미로 손가락 두 개를 까딱였다. 거만함은 이미 유명 작가였다.

나는 자리에 앉지 않고, 술집의 카운터로 가서 볼펜과 메모지를 받아왔다. "시제를 줘." 그는 볼펜 뚜껑을 입에 물고, 볼펜 자루를 휙휙 돌리며 나에게 말했다. 나는 무엇을 말할까 고민하면서 술잔이 어지러이 흩어진 테이블을 둘러봤다. 테이블 위에는 벽걸이 티브이에서 뉴스가 방영되고 있었다. 거제도의 대량 해고 사태로 지역 경기 불황이 심각하다는 내용이었다.

나는 그에게 시제를 두 개 말하면 시를 두 편을 써주냐고 물었다. 그는 "몇 개를 말해도 한 편만 써준다."라고 말했다.

"첫, 그럼 술잔과 거제도요."

나는 눈앞에 보이는 '술잔'과 티브이 뉴스에서 나오는 '거제도'

를 말했다. 그는 내 시제를 듣자마자 1분짜리 뉴스가 끝나기도 전에 한 편의 시를 완성해서 나에게 내밀었다.

나는 메모지를 받으며, 얼마나 형편없고 장난스러운 낙서가 있을까 생각했다. 그도 그럴 것이 그는 너무도 짧은 시간에 휘갈기듯 시를 써 내려갔고, 여태 그가 한 말은 모두 술자리에서 한 헛소리에 지나지 않았기 때문이었다. 나는 이것을 읽고 자리를 파할 생각이었다. 그리고 더 이상은 스스로를 한국의 도스토옙스키라고 주장하는 그를 만나지 않을 생각이었다. 왠지 다음에는 그럴듯한 사기꾼이 되어 나를 속여 먹을 것만 같았다.

나는 그 시의 첫 줄을 대충 읽다가 곧바로 자세를 바로잡았다. 심상치 않은 시였다. 나는 마른침을 꼴딱 삼키고 첫 줄을 천천히 다시 읽었다. 동공이 확장되면서, 시의 글자 하나하나가 머릿골에 박혔다. 두 번째 줄을 읽고는 내 자리에 있는 술잔을 들고 두 손을 달달 떨었다. 마침내 시를 모두 읽고는 눈물이 터졌다. 부끄러움도 잊고 그의 앞에서 눈물을 터트렸다.

눈물이 잦아드니 이내 큰 웃음이 연이어 났다. 마스터피스 앞에서 분출되는 인간으로서 마땅한 반응이었다. 메모지에 휘갈겨진 글은 아무리 봐도 불세출의 시였다. 천하제일의 걸작이었다. 미당이 살아 돌아와 쓴 것이 분명하다는 착각마저 들었다. 그와 내가 같은 종족이라는 점이 영광스러울 정도였다. 나는 메모지를 부여잡고, 원숭이 새끼처럼 꺅꺅 소리쳤다.

술에 취해 아무렇게나 대충 끄적인 단 여섯 줄이 이러한데, 그가 제대로 쓴 소설은 과연 어느 정도의 경지인지 짐작조차 할 수가 없었다. 메모지를 몇 번이나 다시 본 후, 나는 그에게 진심에서 나온 존경을 표했다.

"한국의 도스토예스프키 형, 이 자리는 제가 계산할게요. 대신 이 메모지는 제가 가져도 돼요?"

그는 그러라는 의미로 손가락을 까닥거렸다. 그 모습마저 너무 멋있었다.

계산하러 카운터에 가 있는데, 그의 목소리가 들렸다. 그는 그 자리에서 시를 나직이 암송하고 있었다. 여태 내가 본 그 어떤 장면보다 완벽한 광경이었다. 전구색 술집 조명, 다 떨어지는 인조 가죽 스툴, 허름한 모습의 천재 문학가, 굵고 단단한 저음의 목소리. 이 모든 것이 빈틈없는 톱니바퀴 돌듯 턱턱 맞아떨어지고 있었다.

### 제목: 해고, 海高

굵은 손가락으로 움켜쥔 모진 술잔을 이번에도 한 번에 들이켜지 못한다.

입술에서 시작되어 가슴으로 떨어지는 시퍼런 한숨의 방울방울이 괴롭다.

보고 싶소. 보고 싶소. 우리 새끼 보고 싶소.
눈만 감으면 일렁이는 우리 새끼 보고 싶소.

작업복의 윙윙 소리가 바닷바람에 세차게 퍼덕인다.
거제도 방파제 아래 탁한 물그림자 높게 철렁인다.

다음 날 메모지를 다시 봤다. 시의 제목 '해고' 옆 한자어가 解雇가 아니었다. '바다의 높이'였다. 나는 그 짧은 시간에 중의적인 시 제목을 만든 그의 문학적 천재성에 또 한 번 충격을 받았다.

# 5장

## 벽을 허무는 비장의 말무기 장착하기

## 반전

### 낯선 생각이 활력을 줄 때

## 뻔한 예상을 뒤집는 한마디 말
· · · · ·

### 소감이 어떻습니까? 반반입니다

출근하면서 인사 발표를 봤다. 드디어 서울 발령이었다. 회사
인사이동 게시판에 붙은 A3 용지의 '서울 지역'에서 내 이름
을 찾았다. 손흥민 골 장면을 돌려보듯, 몇 번이고 다시 봤다.
주변의 축하 인사에 하나하나 진심으로 감사를 표했다. 복도
로 빨리 빠져나와 아내에게 전화를 걸었다. 스피커 너머로 들
리는 아내의 목소리에 너무 정겨웠다. 드디어 원룸 생활 끝.
주말 부부 끝이었다.

서울내기의 지방 살이는 너무도 고요하거나 말도 안 되게 분
주했다. 무엇이든 적당한 거리가 깨어지게 되면, 너무 가까이
에 있으면 실망이나 환멸이 생긴다. 지방은 무엇을 하려고 하
면 그 적당한 거리라는 것이 불가능했다. 그래서 아무것도 안

하려고 하면, 퇴근 이후에 티브이 채널을 돌리는 것 말고는 할 것이 없었다. 드디어, 퇴근해서도 나를 반기는 가족들이 있는 서울로 가게 된 것이다.

사무실에 들어가니, 팀장이 자기 테이블로 오라고 손짓했다. 9시가 되고, 모든 팀원이 자리에 앉았다. 매번 "아…"로 시작하는 팀장의 아침 회의이지만, 오늘은 "날씨가 좋습니다. 팀에서 인사이동이 있습니다."로 시작했다. 내 이름이 호명되고, 서울로 가는 소감을 묻는 뻔한 질문이 이어졌다.

"서울로 가면, 원룸 생활이야 끝나겠지만 평일 자유가 없어질 텐데 어떤가요?"

누구나 알고 있는 답이 나올 법한 이미 답이 정해진 질문을 해놓고, 팀장은 아주 독창적인 질문을 한 듯 의기양양한 표정이었다. 나는 팀장의 장단에 맞춰 "반반이요."라고 뻔한 대답을 한다. 그리고 뻔하지 않게 이어 말한다.

"양념 반 후라이드 반이요. 제가 제일 좋아하는 거예요. 저는 아내가 너무 좋아요."

위 이야기는 마지막 '나'의 한마디가 나오기 전까지는, 그냥 뻔하디 뻔하다. 월요일 아침 교장 선생님 훈화 말씀 같은 사건 전개와 대화이다. 날씨 이야기가 나오고, 인사이동 이야기가 나오고, 원하는 곳으로 발령이 난 직원의 소감을 듣기 위한 뻔한 질문이 이어진다. 그런데, '나'의 한마디로 앞선 모든 것은 뒤집힌다. 반전이 생긴다.

누군가 "기분이 반반이에요."라는 말을 했다면. 사람들은 "좋기도 하고 부담이 되기도 해요."라는 말을 떠올린다. 자판기에서 버튼을 누르면 해당 제품이 나오는 것과 같은 자동화된 말이다. 뻔한 말이다. 하나 마나 한 말이다. 사람들은 뻔하다는 생각이 들면, 다른 생각을 하기 시작한다. 휴대폰을 본다. 주식 차트를 본다. 오늘 해야 할 업무를 정리한다.

그런데, 위 사례에서 '나'는 그토록 바라던 사랑하는 아내와 매일 함께할 수 있다는 생각에 너무 기쁘다. 그래서, 대한민국 사람이라면 싫어하는 사람이 없는, 가장 좋아하는 양념 반 후라이드 반처럼 "너무 기쁘다."라고 말한다. "반반이다."라는 말이 사실은, 양념 반 후라이드 반 치킨처럼 너무도 좋다는 의미였던 것이다.

주변 사람들은 빵! 터지면서 나를 다시 본다. '나'는 월요일 아침 뻔한 회의 시작을 흥겹게 시작하는 의미 있는 사람이 된다. "어머, 아내를 정말 사랑하는 요즘 시대 보기 드문 남편이야."라는 칭찬 세례를 받는 것은 보너스이다. 반전이 대화와 글에 필요한 이유이다. 유쾌한 상황을 더 유쾌하게 만들 수 있는 것이다. 원하는 인사 발령지로 못 간 직원들도 나의 재치 있는 반전 대화에는 웃음을 짓고 진정으로 축하해 줄 것이다.

## 바나나는 길어, 길면 기차, 기차는 빨라, 빠른 건 주말
·····

### 우리 몸에 세 개 있는 것은?

대학을 졸업하고 몇 년이 지나자 모두 취업을 했다. 각자의 분야에서 전문가라는 호칭을 듣는 동기들도 있을 정도로 여유가 생기자, 대학 동문회 모임을 만들어 모이기 시작했다. 처음에는 대부분의 동기들이 시간을 비워서 모임에 참석했다. 직장이 그 지역이 아닌 경우에는 따로 숙소를 잡으면서까지 모임을 즐겼다.

그러다, 여자 동기들이 결혼하고 아이를 낳게 되자, 모임에 균열이 생기기 시작했다. 아이를 기르는 여자 동기들은 만날 때마다 아이 이야기를 했다. 사진과 동영상을 보여 주면서, 너무도 예쁘다고 오늘은 어떤 행동을 했다면서 대화를 주도했다. 가족 이야기를 하는데, 누가 감히 싫은 내색을 하거나 비아냥댈 수 있겠는가? 다들 잠자코 호응했다.

문제는, 아직 결혼하지 않은 여자 동기들이었다. 이들은 이미 결혼에 대한 생각이 없었기에, 이 대화에 대해 박탈감을 느끼는 것 같았다. 이미 결혼을 한 내가 보기에도, 보석이 두 개 있는 사람이 보석이 없는 사람 앞에서 자랑하는 것처럼 보일 때가 많았다. 자연스럽게 모임이 흐지부지되어 가고 있었다.

그러다, 최근 모임에서 일찍 결혼한 여자 동기가 모임 장소가

집 근처라서 아이와 함께 참석했다. 아이는 이제 단어 수준의 말을 하는 다섯 살이었다. 오늘은 또 어떤 아이 자랑으로 아이 없는 동기들을 불편하게 할까 하는 걱정이 들었다. 오늘 이후로 모임이 없어질 수도 있겠다는 생각이 들었다. 그런데, 아이가 하는 말이 너무 사랑스러웠다. 아이의 말하기는 너무도 매력적이었다. 동기 중 누군가가 아이와 이야기를 했다. 우리 몸에 하나 있는 것은? 코! 두 개 있는 것은? 눈! 세 개 있는 것은? 찌찌 배꼽!

SNS의 발달로, 눈치 없이 자랑하는 문화는 많이 사라진 요즘이다. 비정규직 앞에서 정규직의 복지와 처우를 말하는 사람은 없다. 있더라도 눈치 있는 정규직 직원이 제지한다. 하지만, 자신의 자식 이야기는 여전히 청자를 고려하지 않고 말하는 경우가 많다. 눈총을 받는 것도 잊을 만큼 사랑스럽기 때문일 것이다.

윗글의 대학 동문 모임도 마찬가지이다. 아이에 대한 자랑을 하는 엄마가 된 여자 동기들의 말 때문에, 결혼을 하지 않은 여자 동기들의 심기가 불편하다. 그래서 모임의 결속력도 약해지고, 그 때문에 모임을 좋아하는 '나'는 아이를 데리고 오는 동기가 불안했다. 그런데, 아이의 말을 듣고는 그 매력과 사랑스러움에 감격한다. 우리 몸에 세 개 있는 것이 찌찌 배꼽이라니.

"바나나는 길어"라는 말 다음에는 "길면 기차"가 나오는 것이 익숙하다. 익숙한 것은 자연스럽기에, 사람들은 자연스럽게 '그냥 그런 말을 하는구나' 판단을 하고 주의 깊게 듣지 않는다. 요즘 애들은 '쌩깐다'고 표현한다. 오프라인에서의 만남 횟수가 줄고, 시간도 줄어드는 것이 시대의 흐름이다. 누구라도 짧은 시간의 만남에 뻔한 말들을 주고받는 것을 원하지 않는다. 누구든지 의미 있고 기억에 남을 만한 그리고 진심을 제대로 전달할 만한 대화를 하고 싶어한다.

물론, 사람들이 자주 쓰는 말은 이유가 있다. 그 상황에 가장 적절한 관습적인 표현이고, 서로 예측할 수 있기에 안정된 대화를 보장해준다. 그래서, 대화에서 의미 있는 말을 하는 것이 중요하다. 상황에 맞는 관습적인 표현으로 대화 상대방에게 안정감을 주고, 내가 하고 싶은 말은 반전을 주어서 대화에 내가 찍는 것이다. 아이의 말하기처럼, 예상하지 못한 말을 하는 것이다.

## 개그맨 중에 이진호가 특히나 웃긴 이유는
· · · · ·

### 귀가 잘 안 들리는 내 친구 영식이

내 친구인 영식이는 귀가 잘 안 들리는 사람이다. 그래서 그런지 말도 뭉개져서 했다. 듣는 것과 말하는 것은 동전의 양면과도 같은 것이다. 나는 영식이와 오래전부터 깊은 친구 관계였다. 영식이가 뭉개진 발음으로 개떡같이 말해도, 대화 맥락과 우리가 공유하는 경험들로 찰떡같이 알아들었다.

최근에 나는 법적인 다툼에 휘말려 소송을 준비하고 있었다. 그렇지 않아도 신경 쓰일 것이 많은 연말인데 더 복잡하게 되어 한숨을 푹푹 쉬고 있었다. 아는 법조인도 없어서 발만 동동 구르고 있는데, 예전에 술자리에서 친구 영식이가 자기 친구가 변호사를 한다고 했던 것이 기억이 났다.

나는 휴대폰을 들고 영식이에게 다급하게 전화를 걸었다. 내 다급함을 텔레파시로 받았는지 통화 연결음이 들리자마자 영식이가 받았다.

"혹시 텔레파시 갔냐? 어떻게 이렇게 빨리 받아?"

내 질문에 영식이는 휴대폰으로 게임을 하고 있었다고 말했다. 그럼 그렇지. 나는 어이가 없었다.

날씨나 최근의 안부를 묻는 일상적인 절차는 생략하고 곧바로 내가 원하는 바를 말한다.

"영식아, 그때. 네 친구 중에 변호사 하는 사람 있다고 했지? 그때, 변호사 하는 친구 있다고 했잖아… 뭐? 변호사가 아니라고 벼농사라고? 하…."

개그맨 중에 이진호는 이야기 반전을 활용한 재담을 많이 한다. 위의 이야기는 〈아는 형님〉 프로그램에 나온 이진호의 재담을 재구성한 것이다. 사람이 외적인 요소를 활용해서 반전을 주는 것은 효과가 빨리 떨어진다. 사람들은 금방 지루해하고, 다른 매력적인 반전을 찾는다. 더 이상 '반전 매력'은 사람들의 관심 제목이 아니다.

하지만, 이진호의 이야기에서 반전은 다르다. 사람들은 여기에서 즐거워하고 몇 번이고 다시 찾아서 되풀이할 만큼 인상 깊게 기억한다. 자주 듣고 보고 싶어 한다. 이진호가 여자 가발을 쓰고 여자 옷을 입고 온 반전의 모습을 보였다면, 사람들은 잠깐 웃고 넘어갔을 것이다. 하지만, 이진호는 이야기에서 낯섦을 준다. 외적인 것이 아니라 말하는 사람의 내면인 생각에 반전을 주었기에 사람들은 두고 두고 즐거워한다.

방송에서는 변호사와 벼농사의 발음이 비슷한 것을 이용하여, 절박한 상황의 친구가 도움을 구했을 때 반전을 줬다. 이 이야기를 듣는 시청자들은 귀가 잘 안 들리고 발음도 뭉개지던 영식의 특성을 잊고 있다가 마지막에 다시 떠올리게 된다. 웃음이 나는 것이다.

이진호의 이야기를 재구성한 윗글에서는 대화에서 반전이 하나 더 있는데, 통화 연결음이 가자마자 받는 영식이에게 내가 텔레파시가 통했냐고 묻는 부분이다. 드라마라면, "왠지 무슨 일이 있는 것 같아서 바로 받았어."라는 뻔한 대사가 나올 법한데, 윗글에서는 게임을 하고 있었다는 유쾌한 반전의 대답이 나온다.


## 꾸역꾸역 버티고 차근차근 노력하는, 뻔한 일상
· · · · ·

고전소설과 현대소설에는 인물의 유형이 다르다. 처음부터 끝까지 하나의 성격으로 바꾸지 않는 인물이 고전소설의 주인공이라면, 현대소설에서는 처음과 중간과 끝의 인물의 성격이 다르다. 말 그대로 고전적 인물이 나오는 것이 고전소설이고, 현대적 인물이 나오는 것이 현대소설인 것이다.

고전소설의 뻔한 인물은 우리의 일상과 흡사하다. 가령, 회사원의 일상은 일요일이면 회사 갈 걱정에 마음이 불편하다. 평일 일과 시간에는 몇 잔의 커피로 겨우 버틴다. 우리는 고전소설의 주인공으로 일상을 살아간다. 우리가 속한 가정과 회사에서의 역할의 일반적이고 표준적인 모습을 지키기 위해서 꾸역꾸역 버티고, 차근차근 노력한다. 뻔하지만 소중한 우리의 일상이다.

그러면서도, 내면에서는 현대소설의 주인공처럼 하루아침에 성격이 확 바뀌고 싶어 한다. 입체적인 인물이 되고 싶어 변화와 일탈을 매일 그린다. 포털 사이트에서 '퇴사 글'과 '프리랜서 글'을 즐겨찾기 하며 흥미롭게 읽는다. 우리의 일상에서 반전을 꿈꾸는 것이다.

평일형 인간과 주말형 인간이 5일과 2일로 교차되면서 우리의 성격으로 있는 것이다. 수치상으로도 주말보다 평일이 3일이나 더 많기 때문에, 우리는 우리의 삶은 단조롭고 뻔하다고 생각한다. 그리고 그것이 사실이다. 반복되는 삶은 안정감을 주기 때문에, 우리는 지겹다고 생각하면서도 편안한 일상을 지속하는 것이다. 양가적인 감정이다.

## '퇴사'와 '프리랜서' 소재가 흥하는 이유
·····

포털 사이트의 직장인 탭이나, 직장인들이 회원으로 가입된 커뮤니티의 인기글의 상단에는 '부동산'과 '주식' 그리고 '퇴사'와 '프리랜서'가 차지한다. 부동산과 주식은 직장인의 재테크이다. 자본주의 사회의 핵심인 '돈'에 대한 관심사가 반영된 것이다. 흥미로운 것은, '퇴사'와 '프리랜서'인데, 직장인들이 많이 읽는 인기글은 '직장생활 잘하기'나 '상사에게 좋은 업무 고과 받기' 같은 일상의 글이 아니다. 그런 뻔한 글이 아니다. '퇴사 글'과 '프리랜서 글'이다. 인기글의 반전이다.

위에서 이야기한 양가적 감정이 잘 반영된 현상이다. 일상의 반복이 주는 안정감을 지속하면서도, 마음 한 부분에는 강력한 일탈의 감정이 있는 것이다. 이것은 회사를 당장에 그만두고 자유롭게 살고자 하는 '퇴사'와 관련된 욕망이며, 하고 싶은 일을 해서 돈을 벌고 싶은 '프리랜서'에 대한 고민이다.

가정이 있는 직장인이 안정적인 가정을 위태하게 만드는 일을 쉽게 결정하기는 쉽지 않다. 개인적인 선택으로 나의 아이의 성장에 어려움을 주는 일은 상상조차 하기 싫기 때문이다. 그렇지만, 직장을 다니는 뻔한 일상을 사는 우리들의 마음에는 그 무엇이 있다.

바로, 뻔하지 않게 살고 싶은 마음이다. 퇴사 글과 프리랜서 글을 반복해서 보고 흥미를 갖는 우리의 반전이다. 반전은 말하기에서만 나오는 특이한 것이 아니라, 우리의 일상에서도 자연스럽게 확인할 수 있는 특성이다.


## 재담꾼은 매일 직장에 웃으면서 출근한다
· · · · ·

어떤 곳을 가든, 어떤 일을 하든, 사람이 모이는 곳이라면 질량 보존의 법칙처럼 매일 웃으며 삶을 즐기는 사람이 일정 비율 존재한다. 이들은 가족이 아프다든가 하는 집안에 우환이 있는 경우가 아니라면, 매사 즐거운 표정과 유쾌한 마음가짐으로 사람을 대하고 일을 한다. 둘 중 하나인데, 주말에 종교 활동을 열정적으로 하거나 재담꾼이다. 물론 둘 다일 수도 있다.

주말에 종교 활동을 열정적으로 하는 사람은 그 종교에 대한 믿음이 있다. 그 믿음은 욕심을 줄이고, 이웃을 사랑하며, 모든 결과는 내가 믿는 신이 내리는 것이기에 나는 오직 살아갈 것뿐이라는 가치관이 있다. 그러기에 직장에서의 일이나, 모임에서의 사람들과의 만남도 모두 종교의 연장선상에서 바라볼 수 있는 것이다.

재담꾼인 사람은 사람들과의 대화에서 살아 있음을 느끼게 된다. 오디오가 비면 방송사고가 나는 홈쇼핑처럼, 사람들은 만나면 아무런 말이라도 해서 대화의 공백을 채우려고 한다. 그래서 의미 없는 간투사나 호응하는 말들을 하는데, 재담꾼들은 이 빈틈을 재치 있는 말로 뒤집는다. 사람들은 이런 반전에 자지러지거나 큰 깨달음은 얻는다.

예전에는 '뻐꾸기를 잘 날리는 사람'이라고 불렸고, 요즘에는 '유머 있는 사람', '달변가' 정도로 불리는 재담꾼들은, 자신의 말에 살아 있는 반응이 나오는 청자들을 보면서 삶의 기운을 얻는다. 청자들 또한 재담꾼들이 이야기에 활력을 얻는다. 좋은 기운을 서로 넘기고 받으니 어떤 곳이든 무엇을 하든 즐거울 수밖에 없다.

## 뻔하게 살지 않는 방법은 뻔하게 말하지 않는 것
· · · · ·

대화는 상호작용적이다. 내가 일방적으로 '이렇게 머리를 잘라야지', '이러한 색으로 염색을 해야지', '이 제품을 사야지'와는 전혀 다른 문제이다. 상대와 맥락을 고려하여, 타당하게 말해야 한다. 타당한 내용과 형식이 아니라면, 이상한 사람 취급을 받는다.

대화는 변수가 많다. 두 사람의 이야기가 네 사람의 이야기로 확장될 수도 있고, 그 반대가 될 수도 있다. 평등한 관계의 이야기가 수직적 관계의 이야기로 바뀔 수도 있다. 어제까지는 맞는 이야기가, 오늘은 틀린 이야기가 될 수도 있는 것이다.

대화는 주체적이다. 다른 사람의 변화로 대리 만족하는 것이 아닌 스스로가 직접 하는 것이다. 그래서 내가 하는 말과 글에 반전을 주는 것을 신경 쓰면, 뻔한 삶이 뻔하지 않다. 우리 팀 재담꾼이 매일 회사에 웃으면서 인사하는 이유를 알게 된다. 앞에서 말한 '질량 보존의 법칙처럼 매일 웃으며 삶을 즐기는 사람이 일정 비율 존재'

하는 바로 그 사람이 되는 것이다.

　나와 완전히 다른 삶을 사는 사람들의 이야기를 보면, 흥미롭고 나도 뻔하지 않게 살 수 있을 것만 같다. 그래서 스스로가 할 수 있을 법한 색다른 진로를 알아보면서 잠시의 일탈도 느낀다. 하지만 거기까지이다. 대부분은 다시 일상으로 돌아가고 대리만족의 경험과 느낌은 사라진다. 하지만, 말은 다르다. 완전히 다르다.


## 염색과 피어싱을 통한 반전은 오래가지 못한다
·····

　이렇듯, 우리는 삶의 어느 때라도 스스로 뻔하지 않은 모습을 원한다. 갑자기 머리카락을 자르기도 하고, 염색을 하기도 하고, 피어싱을 하기도 한다. 하지만 이러한 반전은 주체적이지 않고 수동적이다. 일회적이고 외면적인 변화이다.

　우리의 삶에 근본적이고 지속적인 반전을 주는 방법은 여러 가지가 있다. 직장을 그만둘 수도 있고, 모든 것을 털고 해외로 갈 수도 있다. 이러한 반전들은 결과를 쉽게 예상할 수 없는 큰 리스크의 일들이다. 특히 가정이 있다면, 더욱 실행하기 힘들다. 나는 꿈을 좇아 가난한 생활을 버티더라도, 내 아이가 좋아하는 미술 학원을 나 때문에 못 다닌다는 것은 생각도 하기 싫다.

　그래서 말하기에서 반전을 주는 것이다. 이는 우리가 직접 말한다는 점에 주체적이다. 뻔하지 않으면서도, 삶을 근본적으로 흔드는 것은 대화에서 반전을 주는 것이다. 지속적이고 내면적인 변화이다. 간단한데 쉽지는 않다. 익숙한 생각의 연결고리를 찾아, 낯선 생각을 새롭게 넣는 일은 신경을 꽤나 써야 한다.

하지만, 익숙해져, 뻔해지고, 그래서 사람들이 더 이상 유의미하게 지각하지 않는 말에 반전을 주는 것은, 사람들에게 낯섦을 주어 긴장감과 활력을 부여한다. 여기에는 나 자신의 삶도 포함된다. 그런 이야기를 하기 위해서 신경을 쓰고 시도해보면 어느 순간 나를 뻔한 사람으로 보지 않는 사람들의 평이 들린다. 우리가 말에 낯선 반전을 넣는 방법이다. 그리고 그렇게 해야 하는 이유이다.

# 두 문 자 어
## 젊은이들의 간결한 소통기술

## 집단 기억을 공유하는 사람과 그렇지 않은 사람
. . . . .

**부먹과 찍먹의 논쟁에서**

"설마 부어 먹어요? 저는 찍먹입니다."

"저는 찍먹파랑은 상대 안 합니다. 따로 자리 잡고 드시죠."

"뭐요? 여러분. 여기 눅눅한 탕수육을 좋아하는 이상한 사람
이 있습니다!"

점심 식사로 중국 음식을 배달하기로 했다. 팀원들은 메뉴를
정하기도 전에 탕수육을 부어 먹느냐 찍어 먹느냐로 설왕설
래 중구난방 입방아를 찧었다. 아침 아이디어 회의 때는 풀오
버를 입까지 올리고 아무 말도 하지 않던, 90년대생 신입 여
사원조차 이 문제에는 할 말이 많은 듯 자리에서 엉덩이를 들
썩였다. "찍먹파 여기 모이세요."라고 난데없는 장난도 쳤다.

"부먹은 1980년대 민주화를 탄압하던 정권의 행태와 비슷합

니다. 소스에 푹 찍어 먹는 것으로 부어 먹는 식감을 그대로 느낄 수 있는데, 그냥 부어 버리고 나 몰라라 하는 꼴이라니. 모두가 행복할 수 있는데, 몇 명만 편하자고 부어 먹는 것은 인권 유린에 가깝습니다."

80년대 반독재 운동의 선봉에 섰던, 당시 Y 대학교 단과대 학생회장 출신인, 팀장이 따박따박 말했다. 그 모습이 마치 가두 투쟁 구호를 외치는 투사 같았다. 티브이에 나오는 정치인들과 함께 민주화 운동을 하기도 했다는 그의 지엄한 정의에, 탕수육 먹는 방식을 둘러싼 논란이 종결되고 있었다. 분위기는 차츰 차분히 가라앉았고 다시 키보드 두들기는 소리가 나기 시작했다.

사람이 모인 곳이라면, 자연스럽게 식사 자리가 만들어진다. 시간이 많지 않고 누구나 거부감 없는 배달 음식으로 가장 만만한 것이 중화요리이다. 짜장면이나 짬뽕, 혹은 볶음밥까지. 요즘은 채소로만 만든 짜장과 짬뽕도 있어서 더욱 대중적인 음식이 되었다. 문제는 셋 이상이 모였을 때 반드시 주문해서 먹는, 탕수육의 먹는 방법이다.

돼지고기 다릿살을 기름에 빨리 튀겨서 바삭바삭한 식감에 고소한 풍미가 가득한, 탕수육 튀김을 달콤한 소스에 찍어 먹느냐 부어 먹느냐가 항상 문제이다. 도대체 그게 뭐가 중요하냐는 사람도 있다. "나는 뭐든 상관없으니, 알아서 해요."라고 말할 수도 있지만, 그러면 이것을 주제로 어색한 식사 시간의 분위기를 자연스럽게 만들려는 이들의 노력을 무시하는 꼴이 된다.

식사 시간의 침묵보다 어색한 것은 없다. 음식을 가운데 두고, 모두가 둘러앉아서 서로를 보면서 식사를 해야 하는데 아무 말도 없이 눈만 깜빡깜빡하는 것은 괴롭다. 유럽에서는 식사 시간이나 티타임 중에 급작스럽게 침묵이 찾아오면, 어색한 상황을 풀기 위해서 "잠시 천사가 다녀왔나 보네요."라는 말을 한다. 누군가와 식사를 한다는 것은 단순히 배고픔을 해결하기 위해서 한 끼를 때운다는 것이 아니라는 것이다. 섭취가 아니라 식사인 것이다.

윗글에서 팀원들이 부먹이냐 찍먹이냐로 다투는 것 또한, 서로의 민감한 부분을 들춰내지 않으면서 자연스럽게 이야기를 이끌기 위한 노력이다. 그래서 팀장 또한 사뭇 진지하게 이야기에 참여하는 것이다. 여기서 중요한 것은, 부먹은 부어 먹는 것이고 찍먹은 찍어 먹는다는 것이다. 부먹과 찍먹에 대한 집단 기억을 공유하는 이들만이 대화에 자연스럽게 참여할 수 있는 것이다. 만약, "부먹 찍먹이 뭐야? 어려운 말 쓰지 말고 아무것이나 먹어."라는 사람이 있다면, 그 사람은 팀의 대화에서 자연스럽게 배제된다.

## 영어의 약어와 두문자어, 국어의 두문자어
·····

**UN은 왜 유엔이고, UNESCO는 왜 유네스코야?**

나는 초등학생 고학년쯤 되는 아이를 돌보는 것을 즐긴다. 대부분의 사람은 초등학교 고학년의 아이들은 버릇이 없다고 생각해서 학령기 이전의 아기들을 더 선호하는 듯하다. 하지만, 나는 대화가 이루어질 수 있는 아이와 함께 있는 것을 선호하고, 나아가 일부러 말을 걸고 따라다니기까지 한다. 가끔씩 버릇없고 내가 쓴 안경을 망가트리는 일도 있지만, 그 정도는 충분히 참을 만큼 이들과의 대화는 의미 있다.

초등학생 고학년쯤 되면, 세상의 모든 것들에 대해서 의문을 가진다. "하늘은 왜 파래?"와 같은 포괄적인 질문이 아니라, "낮 하늘은 파란데, 왜 해 질 무렵 하늘은 붉지? 태양은 낮에 더 잘 보이는데? 태양이 파란색이야?"와 같은 구체적이고 상식적인 질문이다. 그런 질문을 받으면, 내 전공 분야의 경우에는 즉답이 가능하지만, 그게 아니라면 나도 휴대폰을 들고 검색을 한 후, 한참 동안 이해해야 설명해 줄 수 있다.

물론 내 전공 분야라고 하더라도 즉답이 안 되는 경우가 있다. 나는 이런 경우 질문을 한 아이에게 엎드려 절이라도 하고 싶은 심정이다. 나는 당연하게 생각했던 것을, 아이는 당연하지 않게 생각하기 때문이다. 아이가 내 머리의 빈틈을 발견해서, 채워주는 느낌이다. 최근에 받은 질문 중에 기억에 남는 것은, 티브이 뉴스를 보던 사촌이 "UN은 왜 유엔이고, UNESCO는 왜 유네스코야?"라고 물은 것이다.

나는 기계적으로 줄임말이라서 그렇다고 말할 뻔했다. 그런데, 아이는 그것을 묻는 것이 아니었다. 같은 줄임말인데, UN

은 '언'이라고 발음하지 않고 '유엔'이라고 하고, UNESCO
는 '유엔이에스씨오'가 아니라 '유네스코'라고 하는지에 대
해 궁금해하는 것이다. 내가 대답을 하기 전에, 아이의 부모가
먼저 대답을 했다.
"그냥 사람들이 그렇게 부르는 거야. 저렇게 안 부르면 사람
들이 잘 모르는 사람 취급하거든."

윗글의 마지막 문단에서 '나'는 UN은 왜 유엔이고, UNESCO는
왜 유네스코인지를 설명하기 위해서, 영어의 약어abbreviations와 두
문자어acronyms를 떠올리고 있었을 것이다. 그리고 아이의 부모가
대답하지 않았다면, 아마도 "약어는 조직이나 기관명이 너무 길어서
축약해서 로마자만 읽는 것이고, 두문자어는 여러 단어로 구성된 말
의 머리글자를 조합해서 하나의 단어처럼 축약해서 만든 것이야."라
고 대답했겠다.

그런데, 아이의 부모가 한 대답이 인상적이다. 그냥 사람들이 그
렇게 부르는 것뿐이며, 그럼에도 우리가 저렇게 불러야 하는 이유는
그렇게 안 부르면 사람들이 자기 집단의 대화로 자연스럽게 껴주지
않기 때문이라고 말한다. '유엔'과 관련된 이야기를 하고 있는데, 갑
자기 누군가 들어와 "'언'의 최근 입장은 어떻게 생각하세요?"라고
묻는다면 도대체 어디서부터 이야기를 해야 할지 감조차 잡히지 않
는다.

영어에서는 약어와 두문자어가 구분되어 쓰이는데, 국어에서는

두문자어만 쓰인다. '파바'는 '파리바게트'를 줄인 말이고, '배라'는 '배스킨라빈스'를 줄인 말이고, '공청'은 '공기 청정기'를 줄인 말이다. 요즘에는 하다 하다 '별걸 다 줄인다'는 의미로 '별다줄'이란 말도 있다. 이런 말을 자연스럽게 익히고 있어서, 이들의 대화에 자연스럽게 참여할 수 있다. '갑분싸(갑자기 분위기 싸해진다)'를 피할 수 있는 것이다.

최근 90년대생은 두문자어에서 더 나아가 한글의 자음자와 모음자를 변형시켜서 재미있게 사용하는 경향을 잘 보인다. 귀엽게 멍멍 짖는 강아지를 '멍멍이'라고 부르지 않고 '댕댕이'라고 부른다. '멍'이라는 글자와 '댕'이라는 글자가 비슷해서 만들어진 말이다. '띵작'은 '명작'을, '띵품'은 '명품'을 가리킨다. 이런 말을 쓰는 후배 직원들과 프로젝트를 같이해야 한다면, 상황에 맞는 두문자어를 활용해서 아이스 브레이킹을 할 수 있다.

## 젊은 생각은 나를 영원한 젊은이로 살게 한다
• • • • •

**나는 아버지 차를 타지 않는다. 늘 혼나기 때문이다**

내가 아이일 때는 아버지만 따랐다. 아버지는 내가 갈 때마다 나를 안아줬다. 내가 놀아 달라고 하기도 전에 나와 놀았다. 아이들을 쓰는 말을 배워서 나에게 쓰기도 했다. 수염이 덥수

룩한 아저씨가 아이 말을 쓰다니. 지금 생각해도 웃음이 난다. 그런데, 나의 남성성이 조금씩 드러나면서, 아이에서 남자로 바뀔 무렵 아버지는 나를 혼내기 시작했다. 그때부터 아버지는 아저씨 말을 썼다.

그때 이후로 난 아버지 차를 타지 않았다. 늘 혼나기 때문이었다. 특히 고부담 시험을 앞두고 아버지의 혼냄은 더 심해졌다. 나는 그때마다 아무 말도 못 했다. 모조리 이치에 합당하고 상식적으로 당연한 말이었기 때문이었다. 그렇게 아버지는 말이 안 통하는 어려운 사람이 되었다. 고등학생 시절 나는 자연스럽게 내 방에서 입시 공부를 했고, 취업 준비생 시절 당연히 내 방에서 취업 준비를 했다.

입사 합격 통보를 받은 날, 아버지가 나에게 그동안 고생했다고 머리를 쓰다듬었다. 나는 몇십 년 만에 다시 느끼는 아버지의 따스함에 소스라치게 놀랄 뻔했다. 그리고 아버지는 완전히 바뀌었다. 내가 아이였을 때처럼, 지금 내가 쓰는 말들을 어디에선가 배워서 쓰기 시작했고, 내 관심 분야의 주제를 먼저 이야기하기도 했다.

다시 아버지 차가 편안해졌다. 대화가 자연스러워졌다. 내가 아버지의 철없음을 유쾌하게 이야기하면, 아버지는 "할많하않(할 말은 많지만 하지 않겠다)"이라고 말했다. 내가 아버지에게 워라밸(워크와 라이프의 밸런스)을 찾고 싶다고 말하면, 아버지는 고개를 끄덕이며 "복세편살(복잡한 세상 편하게 살자)"이 젊은이의 생물학적 반의어는 늙은이이다. 젊은이의 사회학적 반의어는 낡은이이다. 이제 사회에서는 젊은 사람은 생각이 젊은 사람이라는 의미로 통용된다. 스티브 잡스를 젊은 사람이라고 하지, 아무도 늙은이라고는 하지 않는다. 앞으로 인간의 기대 수명은 급격히 늘기 때문에, '몇 살까지는 젊은이', '몇 살 이상은 늙은이'라는 분류는 통용되지 않는다.

생물학적 나이가 젊어도, 낡고 고리타분한 생각을 하는 사람은 낡은이이다. 애늙은이라는 말처럼, 나이가 아주 많은 사람 같이 말하고 생각한다는 놀림조의 의미로 낡은이라는 말이 쓰인다. 말과 생각으로 그 사람을 판단하는 것은 참으로 공평하고 평등한 기준이다. 말과 생각은 누구나 언제라도 바꿀 수 있기 때문이다.

위 이야기의 '나'의 아버지는 내가 어릴 때는, 내가 쓰는 말을 배워 와서 내 눈높이에서 생각을 공유한다. 그러다 내가 아이에서 남자로 바뀌는 무렵부터는, 스스로의 해야 할 일을 해낼 수 있도록 밥벌이는 해결할 수 있게끔 다그치고 혼낸다. 이때 아버지는 내가 쓰는 말이 아니라, 아버지의 언어로 말을 한다. 그렇게 한 명의 사회인이 되었을 때, 아버지는 다시 나의 말을 배워 와서 친근하게 다가온다.

윗글의 아버지는 이제 아들의 언어로 소통하면서 영원히 젊은 사람으로서, 나의 친구처럼 지낼 것이다. 죽을 때까지도 젊은 생각을 하면서 영원히 젊게 살 것이다. 프랑스의 어느 문학가는 "당신은 생각하는 대로 살아야 한다. 그러지 않으면 머지않아 당신은 사는 대로 생각하게 될 것이다."라고 말했다. 생각과 말은 밀접하게 관련이 있다.

## 언어에서도 미니멀리즘 열풍이 분다
·····

### 가장 최근에 출시된 전자제품을 사야 하는 이유

부모님은 전자 제품을 구입할 때마다 의견 충돌이 있었다. 어머니는 가장 최근에 출시된 전자제품을 구입하려 했고, 아버지는 1~2년 지난 전자제품을 사려고 했다. 어머니는 사용 기간과 성능을 봤고, 아버지는 가격 대비 성능을 봤다. 부모님의 의견이 충돌될 때의 결론은, 아버지가 자주 사용하는 면도기나 노트북 같은 물건일 때는 아버지 의견대로, 어머니가 자주 사용하는 밥솥이나 김치 냉장고와 같은 물건일 때는 어머니 의견대로 했다.

나는 어머니 쪽이었다. 어머니는 가장 최신 제품을 사야 하는 이유로 "그래야 오래 쓴다. 1~2년 지난 것은 3~4년 덜 쓰게 된다. 성능도 떨어지고, 고장도 잘 난다."라는 근거를 들었다. 어머니는 아이폰을 사용한 이후로는 애플 제품만 고집했다. 휴대폰을 써도 5년 이상을 썼기 때문이었다. 어머니 말처럼 돈을 더 주고 사더라도 더 오래 쓰기 때문에 더 경제적이기도 했다.
전자 제품뿐만 아니라, 무엇인가를 배우는 것에서도 부모님
은 완전히 다른 태도였다. 어머니는 젊은 사람들이 하는 것이
라면, 그것이 법과 도덕의 기준을 넘지 않는 것이라면 꼭 따라
했다. 롱 패딩이 유행하면, 꼭 사서 입어 보고는 "이거 정말 따
뜻하다. 진작에 살 것 그랬어."라고 말하는 식이었다. 젊은 사
람들의 말도 마찬가지였다. 인터넷 커뮤니티에 올라온 새로
운 말들을 보고 익혔다가, "너네 아버지 요리하는 걸 보고 있
으니, 고답이다."처럼 꼭 써먹고는 했다.

아버지는 그렇지 않았다. 마크 저커버그가 매일 같은 옷을 입
는 것처럼, 자신에게 꼭 맞는 것들만 찾았다. 사용하는 말들도
그랬다. 오래된 언어 박물관이란 것이 있으면, 그 박물관장의
적임자가 아버지였다. 손주들은 나의 어머니와 이야기하는
것을 더 좋아했다.

윗글의 어머니는 시쳇말로 요즘 사람이고, 아버지는 옛날 사람이
다. 옛날 사람을 대하는 것보다 요즘 사람을 대하는 것이 더 재미있
고 유쾌하다. 옛날 사람과 시간을 보내는 것은, 봉사하는 느낌이 든
다. 어르신 말동무 봉사 활동 증명서라도 받아야 할 듯한 심정이다.
요즘 사람과 시간을 보내는 것은 즐거운 수다 시간이다.

사람들이 유행에 민감한 것은, 유행을 따르는 집단을 준거 집단
으로 생각하기 때문이다. 스스로의 언행의 기준으로 삼는 집단의 특

성을 그대로 흡수하려 하기에, 비슷한 말들과 비슷한 행동을 한다. 이것은 일종의 집단 은어로서, 구성원 내부의 결속력을 높여 준다. "다들 하던데?"라는 말은 반박하기에 가장 어려운 근거이다. 반박하는 순간 그 집단에서 배척된다.

요즘 유행은 미니멀리즘이다. 축소주의라고도 불리는 이 바람은 열풍처럼 사회 곳곳에서 퍼져 있다. 가구 배치부터 건물 인테리어, 미술관 전시 방법, 책의 양장 등 사람들이 보고 듣는 모든 것에서 미니멀리즘이 유행하고 있다. 복잡한 것은 옛날 것이 되고 있는 것이다. 더 버리고 더 줄이는 것이 요즘 사람들의 삶이 되고 있다.

윗글의 나의 어머니는 대세를 따르려고 하는 요즘 사람이다. 전자 제품부터 옷차림과 말까지도 배우고 익히려 노력한다. 지금은 언어에서도 미니멀리즘 열풍이 분다. 줄임말, 두문자어의 사용이다. 어머니는 이것을 인터넷 커뮤니티에서 익혀서 곧바로 쓴다. '고답'이라는 말은 '고구마 먹은 것처럼 답답하다.'의 줄임말로서 혼란스럽다는 의미이다. 상황에 딱 맞는 젊은 표현을 쓰고 있는 것이다.

## 새 말로 새 시대를 표현하는 감각, 유쾌한 사람의 화법
#####

> **그 상황은 그야말로 혼파망이었다**
>
> 주말이라 아침을 대충 때웠더니, 점심이 되기도 전에 배가

고팠다. 아내는 직장 동료들과 점심을 먹기로 해서, 무엇인가를 배달해서 먹는 것도 개운치 않았다. 옷을 챙겨 입고 아파트 1층으로 걸어갔다. 맞은편 편의점에서는 이미 술에 취한 아저씨 한 명이 앳된 아르바이트생 청년과 말다툼을 하고 있었다.

나는 배가 고프기도 하고, 그 다툼이 궁금하기도 해서 맞은편 편의점으로 들어갔다. 아저씨 손님이 막걸리 두 병을 계산하는 중에 흔들지 말아 달라고 했던 모양이다. 청년은 알겠다고 대답하고는 막걸리 바닥에 있는 바코드를 찍으러 조심스럽게 살짝 꺾었는데, 그걸 보고는 아저씨가 화를 내는 것이었다.

그 모습에 어이가 없어서, 그 싸움에 끼어들었다.

"아이고, 아저씨 그럼 다른 막걸리를 가져가면 되는 거 아닙니까. 왜 학생이랑 다투고 있습니까?"

싸우고 있는 사람은 거기에 몰입하기 때문에 제삼자가 끼어드는 순간 흥분하거나 차분해진다. 아저씨는 후자였다. 내가 끼어들자 차분하게 "그럼 다른 사람이 흔들린 막걸리를 먹게 되잖습니까?"라고 말했다.

나는 그 아저씨의 인자한 미소를 보고는 혼란스러웠다. 막걸리는 탁한 느낌으로 먹는 술이 아니던가? 그래서 탁주라고도 부르는데, 그것을 안 흔들고 먹겠다는 심사도 알 수가 없는데, 다음 사람까지 생각하는 사람이 왜 젊은 청년과 말

다툼을 하고 있는지. 상식적으로 이해할 수 있는 것이 하나
도 없었다. 혼파망이었다.

언어는 시대를 반영한다. 그냥 반영하는 것이 아니라, 사람들이
말로 표현하고 싶은 것을 반영해서 새로운 말로 만든다. 사회가 복
잡해질수록, 이것을 기존의 언어로 표현하기는 역부족이다. 그래서
사람들은 스스로 언어를 만든다. 아주 예전에는 국립국어원에서 신
어를 만들어서 보급하기도 했지만, 이제는 사람들이 만든 언어 중에
서 사전에 등재될 만한 신어를 심사할 뿐이다.

유쾌한 사람은 상황을 꿰뚫어 보는 안목이 있다. 이것을 재치 있
게 말로 풀어내거나 새로운 말로 가리켜 표현하는 능력이 있다. 타
고나는 능력이 아니라, 기른 능력이다. 윗글의 '나'는 상식적으로는
이해되지 않는 다툼을 직접 목격하고, 거기에 참여하기까지 한다.
막걸리를 흔들지 말라는 아저씨의 주장을 이해할 수 없다. 그렇다고
해서 그 아저씨가 무조건 나쁘다고도 할 수 없다.

아저씨는 다른 막걸리로 교환할 수도 있지만, 그것은 다음에 흔
들리지 않은 막걸리를 먹고자 하는 사람에게 피해가 가는 일이라며
하지 않는다고 한다. 여기서 지극히 당연한 의문이 든다. 그렇다면,
아저씨는 막걸리를 어떻게 흔들지 않고 집까지 가져갈까? 카메라 스
테빌라이저인 짐벌이라도 있는 것일까? 나는 이러한 혼란한 상황에
서 기존의 상식이 파괴되고 사람의 본성에 대한 관념이 망각되는 느
낌을 받는다. 그래서 '혼파망(혼돈 파괴 망각)'이라고 말한다.

윗글의 이야기를 누군가가 들려줄 때, '혼파망'이라는 표현 없이 "상대하기도 싫은 술주정뱅이 아저씨가 글쎄, 막걸리를 흔들었다고 아르바이트생에게 뭐라고 하는 거야. 진짜 듣기도 싫어서 아저씨 그만하라고 말했더니. 아저씨가 주절거리더라."라고 했다면? 듣기만 해도 "미친 아저씨구나." 하는 진부한 리액션이 나오는 것 같다.

## 때로는 적을 만들지 않는 비장의 화법이 될 수도
· · · · ·

나와 갈등 관계에 있는 사람을 떠올려 보면, 당장에 기분이 나빠진다. 그 사람이 나에게 보인 말과 행동들이 도저히 용서되지 않는다. 잔인하고도 완벽한 복수 방법이 생각난다. 그런데, 이러한 반감은 그 사람의 성격의 특정 부분이 만들어 낸 언행으로 생긴 것이다. 그래서 그 사람은 나쁜 사람이라는 내 판단이 생긴 것이다.

이렇게 만들어진 선입견은 결코 쉽게 바뀌지 않는다. 그 사람이 개과천선해서 나에게 다가와 여태 보였던 언행을 조목조목 이야기하면서 사과를 한다고 한들, 이미 상한 마음은 쉽게 바뀌지 않는다. "갑자기 왜 그러세요?"라는 방어적인 말이 튀어나오기 마련이다. 그 사람에 대한 이해가 이루어질 때야, 그 사람의 언행을 용서할 수도 있는 것이다.

대화법과 관련해서, 아직까지도 베스트셀러를 차지하고 있는 책이 2008년에 출간된 《적을 만들지 않는 대화법》이다. 이 책은 아직까지도 서점의 매대 가운데에 위치하고 있으며, 온라인 서점의 판매 점수도 가장 높은 책 중의 하나이다. 이 책이 많이 팔린다는 것은 그만큼 많은 사람들이 적을 만드는 대화를 하고 있다는 반증이다.

적을 만들지 않는 대화는 부드러운 분위기에서 정확한 말하기를 하는 것이다. 부드러운 분위기는 괜한 긴장감을 느끼지 않게 만들고, 정확한 말하기는 오해를 막아 준다. 이때 사용하기 좋은 것이, 요즘 대세인 두문자어를 사용하는 것이다. 팀장에게 한껏 혼나고 온 동료에게, 커피 한 잔 내밀면서 "낄끼빠빠 해야 되는데 팀장은 왜 이런 것까지 트집이래?"라고 한다면? 부드럽고 정확한 위로의 말이 될 것이다.

## 적도 내 편으로 만드는 쉬운 방법

### 키 작은 남학생이 사용한, 지독하게 멋진 말
·····

**터지고 싶다, 진짜 화려하게**

대한민국에서 손꼽히는 불빛 축제에 뒤늦은 시간에 갔다. 좋은 자리로 비집고 갈 엄두는 안 나 뒤에서 까치발을 들고 보고 있었다. 축제가 시작되었다는 사회자의 안내가 나오고, 사람들의 대형이 잠깐 흔들렸다. 그 틈을 노리고 고등학생 무리가 사람들 사이를 비집고 들어왔다.

고등학생들은 내 바로 앞에까지 들어오는 것에는 성공했지만, 더 이상 앞으로 가는 것은 무리였다. 사람들은 완전히 밀착되어 하나의 공고한 벽처럼 서 있었다. 고등학생들에게는 폭죽 같은 담배 냄새가 났다. '하긴, 요즘 애들은 뭐든 빠르니. 그래도 이렇게 사람들이 많은데 사이에 끼어 들어오는 것은 참….' 이런 생각을 하며 혀를 찼다.

고등학생들을 못마땅해하는 중에 폭죽이 터졌다. 하늘에는 10초가 안 되는 생명력을 가진 불꽃들이 솟아오르고 있었다. 그때, 무리 중 키가 가장 작은 한 남학생이 그 나이에 자주 쓰는 특유의 거친 표현을 섞어가며 말했다.

"저것처럼 나도 터지고 싶다. 존나 높은 데에서 존나 화려하게."

키가 가장 작은 남학생이 말한, 부사어를 욕으로 꾸민 두 문장은 친구들을 웃게 했고, 나도 피식거리게 했다. 곧 키 크고 덩치가 가장 큰 친구가 "뭐래, 병신 꼬마 새끼가."라고 말했다. 키가 작은 남학생을 포함해서 담배 냄새나는 고등학생들은 모두 낄낄거렸다. 고등학생들의 몇 마디 대화를 들었을 뿐인데, 적대감이 순식간에 허물어졌다. 멋진 표현 때문이었다.

참고로, 위 이야기는 학교 폭력의 상황이 아니다. 남학생들은 원래 서로 혹은 스스로를 놀리고 욕하며 친해진다. 나쁜 말을 하면 더 친한 관계라고 생각한다. 학창 시절의 남학생들의 교우 관계는 원래 그렇다 그렇게 서로의 우스운 부분을 놀리며, 불꽃 축제가 끝나면 남학생들은 '우리는 모두 바보 병신'이라고 어깨동무를 할 것이다. 그리곤 아마도 피시방을 갈 것이다.

꼬마 남학생은 현재 키가 작은 것이 불만이다. 사람들은 키가 작다는 이유로 자신을 놀리고 낮게 본다. 그리고 사람들은 불꽃 축제에서 가장 높은 곳에서 화려하게 터지는 불꽃을 보며 감탄을 하고 있다. 키 때문에 무시당하던 그 학생은, 불꽃처럼 높은 하늘에서 빛나고 싶었다. 그래서 그 꼬마 남학생은 말한 것이다.

"나는 지금 키가 작지만, 저 높은 곳에서 화려하게 터지는 불꽃처럼 살 거야."

지독하게 멋진 대조법이다. 이 이야기는 불꽃 축제라는 맥락과 키가 작아 평소에 무시당하는 일이 많았던 남학생의 상황에 딱 맞는 표현이다. 남이 모르게 감추어 소중하게 간직했다가, 상황을 기다려 정확하게 쓴 것처럼, 비장의 화법이다. 그래서, 고등학생들의 때 이른 흡연 냄새와 매너 없는 새치기로 기분이 언짢았던 나 역시 그 말에 적대감이 허물어진 것이다.

## 소리를 지르고 인상을 쓴다고, 설득 안 된다
·····

### 아주머니의 살려달라는 비명을 외면했다

- 치킨, 치킨 양념치킨.

"응. 아빠 이것만 마무리하고 금방 갈게. 잠깐만 기다릴 수 있어?"

- 아니, 아니. 지금 와 지금.

"알겠어. 아빠 우리 딸 보러, 지금 슝 갈게."

- 응응!

한참 늦었으니 지금이라도 빨리 집에 오라는 딸아이의 전화였다. 나는 컴퓨터를 종료했다. 오늘은 여기서 끝내고 집에서 딸아이와 시간을 보낼 생각이었다. 퇴근 내내 울린 딸아이의 옹알이를 모락모락 피어나는 치킨 열기에 담았다. 버스에서 내려 꽤 오랜 시간 걸어가는 동안 세찬 바람은 내 뺨과 치킨 봉지를 두들겼다.

그때였다. 낑낑대는 얇은 비명이 스산한 바람처럼 새어 나온다. 내 눈에는 저항을 포기하고 있는 아주머니, 손바닥을 올리고 있는 술 취한 사내가 보였다. 사내는 인기척이 난 곳을 보더니, 이내 나를 죽일 듯이 째려봤다.

"도와주세요. 도와주세요. 신고 좀 해주세요. 아아악!"

나를 보고 아주머니는 마지막 비명을 질렀다. 사내는 아주머니와 나를 번갈아 노려봤다. 나의 발자국은 빠르게 뒷걸음쳤다. 아주머니의 작아지는 비명이 귓등을 맴돌았다.

위 사례는 범죄 현장을 도망친 남자의 이야기이다. 위 이야기만 보면, '나'의 행동은 이해가 안 되고 용납할 수도 없다. 살려 달라는 아주머니의 간절한 비명을 듣고도 도망치다니. 귓등을 맴도는 비명을 무시하다니, 정말 나쁜 사람이라는 생각이 든다.

위의 '나'는 '다른 사람 일에 개입하다가 무슨 일이 생길까 두려워 맞는 아주머니를 무시하고 도망간 놈'이라고 판단된다. 나는 억울하다고, 나는 사실 그런 게 아니라고, 큰 소리로 변명을 해도 사람들은 비겁한 놈이라고 욕한다.

결코 나의 복잡한 마음을 알아주지 않는다. 인상을 쓰고 이야기를 조곤조곤한다고 한들, 사람들은 위선적인 인간이라고 욕할 뿐 나의 힘든 마음을 알아주지 않는다. 억울하다고 소리를 버럭 질러도, 이마의 주름을 몇 겹이나 지어서 인상을 써도 설득되지 않는다.

우리는 자신의 말을 믿어달라고 호소하고 싶을 때, 소리를 크게 내고 인상을 쓴다. 나는 진지하게 말하고 있다고 애를 써서 표현하는 것이다. 물론, 청자가 나에게 우호적인 상황이 아니라면 '큰소리 내기'와 '인상 쓰기'는 생각하는 것만큼 상대의 주의 집중을 끌어내지 못한다. 말을 믿게끔 만들 수도 없다.

## 둘을 대조하니 사람들이 내 말을 듣는다, 믿는다
・・・・・

> **내 아이의 치킨 옹알이와 아주머니의 살려달라는 비명**
>
> – 치킨, 치킨 양념치킨.
>
> "응. 아빠 이것만 마무리하고 금방 갈게. 잠깐만 기다릴 수 있어?"
>
> – 아니, 아니. 지금 와 지금.
>
> "알겠어. 아빠 우리 딸 보러, 지금 슝 갈게."
>
> – 응응!

한참 늦었으니 지금이라도 빨리 집에 오라는 딸아이의 전화였다. 나는 컴퓨터를 종료했다. 오늘은 여기서 끝내고 집에서 딸아이와 시간을 보낼 생각이었다. 퇴근 내내 울린 딸아이의 옹알이를 모락모락 피어나는 치킨 열기에 담았다. 버스에서 내려 꽤 오랜 시간 걸어가는 동안 세찬 바람은 내 뺨과 치킨 봉지를 두들겼다.

그때였다. 낑낑대는 얇은 비명이 스산한 바람처럼 새어 나온다. 내 눈에는 저항을 포기하고 있는 아주머니, 손바닥을 올리고 있는 술 취한 사내가 보였다. 사내는 인기척이 난 곳을 보더니, 이내 나를 죽일 듯이 째려봤다.

"도와주세요. 도와주세요. 신고 좀 해주세요. 아아악!"

나를 보고 아주머니는 마지막 비명을 질렀다. 사내는 아주머니와 나를 번갈아 노려봤다. 나의 발자국은 빠르게 뒷걸음쳤다. 아주머니의 작아지는 비명이 귓등을 맴돌았다. 커지는 딸의 치킨 옹알이와 작아지는 아주머니의 비명 소리가 나의 귓등에 겹쳤다.

위 사례는 범죄 현장을 도망친 남자의 이야기이다. 하지만, 처음의 이야기와 달리, 위 이야기의 '나'의 행동은 이해가 된다. 살려달라는 아주머니의 간절한 비명을 들었지만, 도망친 것이 납득이 된다. 귓등을 맴도는 비명을 무시한 것이 아니라는 생각이 든다. 정말 안타까운 일을 겪은 사람이라는 생각이 든다.

위의 이야기는 처음 사례의 이야기에 마지막 한 문장을 수정한 것이다. 추가된 마지막 문장으로, 회사에서 돌아올 시간이 훨씬 지나도 오지 않는 아빠를 둔 딸아이의 안타까운 모습이 떠오른다. 양념치킨을 같이 먹자고 옹알이하는 아이와 그 뒤에서 전화기를 들고 나를 염려하는 아내가 오버랩된다. 아메리칸 히어로가 아닌 내가 술취한 사내에게 덤벼들었다가 어떻게 되면, 내 딸과 아내는 어떻게 될까 하는 생각이 든다.

아주머니의 비명을 듣고 도망친 것은 변함이 없지만, 처음 사례와 달리 두 번째 사례의 이야기를 들은 사람들은 나를 무조건 비난하지는 않는다. 신기하게도, 내 이야기를 들은 사람들은 내가 도망칠 수밖에 없었던 상황을 이해하기 시작한다. 어떤 사람들은 내 어깨를 두드린다. 최소한 피도 눈물도 없는 악랄한 인간이라는 시선으로 나를 보진 않는다.

내가 그 상황에서 도망칠 수밖에 없었던 결정적이고도 보편적인 이유가 대조법으로 표현되어 있기 때문이다. "커지는 딸의 치킨 옹알이와 작아지는 아주머니의 비명 소리가 나의 귓등에 겹쳤다." 아주머니의 비명 소리를 듣고 거기로 용기를 내서 가려고 하니, 집에서 나만 기다리고 있는 딸아이가 걱정되는 것이다. 비난받을 장면이 연민받을 상황으로 바뀌는 순간이다.

# 혓바닥이 긴 사람이 범인이다

. . . . .

국어를 전공하거나 그것을 직업이나 취미로 삼는 사람이 아니라면, 요즘에 '장광설長廣舌'이란 말은 거의 쓰지 않는다. 이 말을 완전히 대체한 신어 'TMI(Too Much Information)'가 활발하게 쓰이기 때문이다. 이제는 국어 교과서에서 볼 법한 '장광설'이란 말은 '길고 넓은 혀'라는 의미로, 주제와 분위기에 동떨어진 이야기를 남들의 기분과 상관없이 아무렇게나 혼자서 길게 말하는 것을 의미한다. 지금의 'TMI'와 완전히 같은 말이다.

말을 쓸데없이 길게 하는 사람은 동서고금을 가릴 것 없이 부정적인 인식을 받았다. 오죽하면, 현대 서스펜스 장르의 영화나 추리 장르 소설에서 범인을 찾는 첫 번째 방법이, '혓바닥이 긴 사람을 찾아라'일까. 일상에서도 장광설을 늘어놓는 사람은 피하거나 희화화의 대상일 뿐이지, 그 이야기에 몰입해서 공감하는 경우는 거의 없다.

다변가인 혓바닥이 긴 사람들은 스스로가 달변가라고 오해하는 경우가 많다. 대화란 것은 주고받는 과정에서 상황에 정확하게 맞는 말로 분위기를 잡아 나가는 것이 중요한데, 이들은 이것을 모른다. 무슨 말이든지 일단 쏟아 내기 시작해서, 상대방이 꿀 먹은 벙어리가 되면 자신의 입장이 잘 전달되었다고 생각한다.

청자 입장에서 이러한 말하기는 고역이다. 대화를 당장 끝내도 되는 관계라면 "잘 알겠습니다."로 종결되나, 화자가 청자보다 높은 지위에 있거나 나이가 많은 사람이라면 끝까지 들어야 하는 불쾌한 시간을 견뎌야 한다. 그러고 다음 대화부터는 피하게 된다. 듣기도 전에 거절하는 것이다.

## 어떻게, 내 말을 상대가 믿을 수 있게 만들 수 있을까?
· · · · ·

억울한 상황에 빠졌을 때, 우리는 주변을 향해 자신의 편이 되어 달라고 호소한다. 신기하게도 다른 이들의 응원과 이해가 필요한 절실한 상황일수록, 그럴수록, 사람들은 그저 듣기만 할 뿐, 말을 믿으려 하지 않는다. 화자는 더 억울해져, 오버스러운 행동을 하고 큰 목소리를 낸다. 그럴수록 사람들은 혀를 찰뿐이다. 윗글에 나온 혓바닥이 긴 사람들이 말할 때 흔히 발생하는 상황이다.

화자는 너무도 억울해, 상대가 자신의 상황을 이해해주기를 바라는 마음으로, 편이 되기를 바라는 마음으로, 말하고 싶은 이야기를 실컷 늘어놓는다. 이럴 때 상대는? 자신이 듣길 원하는 내용만 들으며 다른 생각을 한다. 숨겨진 의도가 무엇일까 의심한다. 이것은 말하는 사람이 억울한 일을 당해서 극도로 흥분했을 때 더욱 그러하다. 청자는 자신 역시 그런 늪으로 빠지게 되지 않을까 걱정하기 때문에 거리를 둔다.

화자는 이 정도면 말했으면 상대가 내 편이 되었을 것이라고 생각하지만, 상대는 애초에 화자의 말을 들으려 하지 않았기에 믿지 않는다. 답답한 상황이다. 어떻게 하면, 말을 상대가 믿을 수 있게 만들 수 있을까? 억울한 진심을 그대로 전달해서, 청자가 내 편이 되게 만들 수 있을까?

방법은, 상대의 머릿속에 있는 생각과 스스로가 하고 싶은 말을 대조한다. 한 문장으로 구성하면 더욱 좋다. 사람들은 대조적으로 구성된 문장을 듣고 자신의 생각이 잘못되었을 수도 있음을 느낀다. 말하는 사람의 진심이 와 닿는다. 낯설게 표현한 대조적 문장 구성이 다른 사람의 말을 잘 듣지 않는 사람들의 고정관념을 깨 주는 것이다.

## 머릿속 생각과 실제 상황을 대조하여 효과 주기
·····

### 거기엔 폐지 줍는 차갑고도 낯선 노인이 서 있을 뿐이었다

폐지를 줍는 노인들이 예전보다 줄어든 것이 느껴졌다. 폐지 줍는 노인들을 보면, 눈물이 박혀 흐르지 못할 정도로 안타까운 심정이 든다. 평생을 가난하게 살다 돌아가신 마음씨 따뜻한 친할머니가 생각나기 때문이다.

바람이 세차게 부는 퇴근길에, 폐지를 주워 리어카에 싣는 할머니가 보였다. 겨우 반도 못 펴는 구부정한 허리로 폐지를 모으는 그 모습이 안타까워 차를 갓길에 세웠다. 리어카에 아슬아슬하게 걸려, 도로로 튀어나온 폐지를 가지런하게 정리하고 도와주는데, 할머니가 내 쪽으로 다가왔다.

폐지를 줍던 그 할머니는 나를 향해 고갯짓을 하며, 무어라 말했다. 나는 그 말이 들리지 않았다. 가난하게 살았지만 항상 감사하다는 말을 달고 살던 친할머니의 따뜻함이 생각나 얼굴을 가까이 대었다. 할머니가 매우 빠르고 큰 목소리로 말했다.

"이거 내 거니까 빼 갈 생각 말어. 젊은 사람이 노인들 푼돈이나 뺏으려 하고."

그때였다. 세찬 바람도 치우지 못한 할머니의 고집 가득한 악취가 내 코를 찔렀다. 내 눈앞에는 친할머니의 따뜻한 모습이 사라지고 낯설고 차가운 폐지 줍는 노인이 서 있었다.

'가난=선'이라는 관념은 멀리는 〈흥부전〉과 〈심청전〉부터, 최근의 드라마까지 클리셰로 빈번하게 활용된다. 당시나 지금이나 작품을 많이 보는 사람들은 부유하지 않은 사람들이다. '권선징악'으로 대표되는 가난의 승리 플롯이 당연하다.

위 사례에서도 '나'는 추운 겨울, 밖에서 큰돈이 안 되는 금액을 벌기 위해 폐지를 맨손으로 줍는 노인을 본다. 너무도 안타까운 마음이 든다. 특히나, 나는 '가난했지만 감사한 마음을 갖고 성실히 살던 친할머니'를 직접 경험한 사람이다. 돈은 쥐어 주지 못하더라도, 힘겨워 보이는 당장의 일은 도와야겠다고 생각을 한다.

'나'는 이를 통해 예전에 느꼈던 친할머니의 따뜻함을 떠올린다. 다른 의도 없는 오직 선의이다. 차를 멈추고 친할머니를 다시 만난

듯 돕는다. 그리고 폐지 줍는 할머니가 말한다. 당연히 "고맙다."라고 말할 줄 알았다.

하지만, 돌아오는 대답은 자신의 폐지를 건들지 말라는 염치없는 비난이다. 그 순간 내 마음속의 따뜻함은 차가움으로 바뀌고 여태 못 맡은 악취를 맡는다. 생각한 것과 실제를 대조시켜서, 고집 가득한 폐지 줍는 할머니의 부정적인 모습과 나의 상처 받은 선의를 강조한 것이다.

## 소리치며 억지를 부리는 대신 대조하여 말했더라면
·····

### 할아버지의 절박함에 눈살을 찌푸리는 시민들

엄청난 감염력으로 전 세계를 꽁꽁 묶은 돌림병은, 사람들의 지갑도 마음도 모두 닫게 만들었다. 마음에 눈을 밝혀주는 훈훈한 소식보다, 혼돈과 환멸로 이끄는 사건들이 늘어나는 현상에 시민들은 정신적 공허함을 느끼거나 감정적 예민함으로 표현했다. 남녀갈등, 세대갈등, 지역갈등이 유례없이 두드러지고 있었다.

특히 전염병 초기, 마스크 구입을 둘러싸고 큰 갈등이 여러 곳에서 있었다. 지역의 한 약사가, 대한민국의 조제 시스템을 활용하여 국민이라면 누구나 마스크를 2매를 구입할 수 있도록 제안했다. 정부는 이 제안을 곧바로 수용해서, 마스크 5부 제도라는 마스크 구매 제한 정책을 시행했다. 지자체와 약국, 언론을 통해 대대적으로 홍보가 되었고, 이 제도의 정착으로 더이상 마스크가 없어서 감염의 두려움에 떨어야 하는 사람은 나오지 않았다.

그럼에도 약국에는 이 마스크 때문에 하루에도 몇 번씩 소동이 있었다. 주로 나이 많은 할아버지나 할머니들이 약사와 다투는 일이었다. 마스크 5부제에 대해서 제대로 알지 못한 한 할아버지가 약국에 와서 주민등록증을 보여주고 마스크를 달라고 했다. 출생연도 끝자리에 해당하는 날짜가 아니었기에 약사는 마스크를 팔 수가 없었다. 그러자 할아버지는 그 자리에서 삿대질하며 소리를 질렀다.

"나는 그런 거 설명 들은 적도 없고 잘 모르니, 빨리 마스크를 달라고!"

줄을 서고 있던 시민들은 그렇지 않아도 감염의 위험 때문에 마스크를 구매하고 빨리 나가려고 하는데, 앞에 서 있는 할아버지의 막무가내의 행동에 화가 치밀었다.

"할아버지, 못 산다니까 그러네. 빨리 나가요."

"민주주의 사회에서는 모르는 것도 죄입니다. 죄. 할아버지는 목요일에 사야 하니까 내일 오세요."

"자식들은 이런 것도 안 알려주고 뭐 하나 몰라."

처음 한두 명에서 시작되었던 불만이 약국 전체를 채우는 성토가 되는 것은 시간문제였다. 할아버지는 사람들의 큰 목소리에 다리를 절면서 약국에서 도망치듯 나갔다.

최근에 뉴스를 봤다. 약국에서 소리 지르고 인상을 쓰며, 마스크 내놓으라고, 나는 오늘밖에 못 온다고 난리 치는 할아버지의 이야기였다. 약국의 사람들은 혀를 차며, 그 노인에 대한 부정적인 시선을 더했다. 윗글의 할아버지와 약국의 시민들의 이야기도 마찬가지이다.

정해진 방침이 있는데 그것을 잘 모르겠다면서 몽니를 부리는 할아버지는 마스크 구매를 기다리는 사람들 입장에서는 짜증 나고 화를 유발하는 사람이다. 조제 시스템에는 요일별로 살 수 있는 주민번호 끝자리가 있기에, 거기에 해당해야 살 수 있음에도 그것을 이해하지 않고 화를 내는 할아버지를 보며, 시민들은 자연스럽게 성토한다.

만약, 그 할아버지가 "나는 잘 걷지를 못해서, 마을 이장 나올 때 차 타고 같이 나와야 해서 오늘만 약국에 올 수 있습니다."라고 말했다면? 사람들은 자신의 마스크를 직접 나눠주며 그 할아버지를 이해했을 것이다. 잘 걸을 수 있는 약국 내의 일반 사람들과 그렇지 못한 자신을 대조하여 말한 것이다. 대조법의 힘이다.

대조법을 사용하면 개연성 있고 타당하게 이야기할 수 있다. 이렇게, 내 말을 상대가 믿고 이해해주기를 바란다면, 소리를 지르고 엄한 인상을 쓰지 말고, 상대가 듣고 싶어 하는 이야기와 내 이야기를 대조하면 된다.

## 부먹? 찍먹? 저는 중먹이요

"설마 부어 먹어요? 저는 찍먹입니다."

"저는 찍먹파랑은 상대 안 합니다. 따로 자리 잡고 드시죠."

"뭐요? 여러분. 여기 눅눅한 탕수육을 좋아하는 이상한 사람이 있습니다!"

점심 식사로 중국 음식을 배달하기로 했다. 팀원들은 메뉴를 정하기도 전에 탕수육을 부어 먹느냐 찍어 먹느냐로 설왕설래 중구난방 입방아를 찧었다. 아침 아이디어 회의 때는 풀오버를 입까지 올리고 아무 말도 하지 않던, 90년대생 신입 여사원조차 이 문제에는 할 말이 많은 듯 자리에서 엉덩이를 들썩였다. "찍먹파 여기 모이세요."라는 난데없는 장난도 쳤다.

"부먹은 1980년대 민주화를 탄압하던 정권의 행태와 비슷합니다. 소스에 푹 찍어 먹는 것으로 부어 먹는 식감을 그대로 느낄 수 있는데, 그냥 부어 버리고 나 몰라라 하는 꼴이라니. 모두가 행복할 수 있는데, 몇 명만 편하자고 부어 먹는 것은 인권 유린에 가깝습니다."

80년대 반독재 운동의 선봉에 섰던, 당시 Y 대학교 단과대 학생회장 출신인, 팀장이 따박따박 말했다. 그 모습이 마치 가두투쟁 구호를 외치는 투사 같았다. 티브이에 나오는 정치인들과 함께 민주화 운동을 하기도 했다는, 그의 지엄한 정의에 탕수육 먹는 방식을 둘러싼 논란이 종결되고 있었다. 분위기는 차츰 차분히 가라앉았고, 다시 키보드 두들기는 소리가 나기 시작했다.

그때, 카랑카랑한 부팀장의 목소리가 사무실의 무거운 공기를 갈랐다.

"저는 안먹! 저는 중먹!"

부팀장의 외침에 사무실의 키보드 소리가 멈추었다. 직원들은 모니터 너머로 부팀장과 팀장의 표정을 번갈아 살폈다. '안먹'은 무엇이고 '중먹'은 무엇인가? 나는 옆자리 90년대생 신입 여사원에게 안먹과 중먹이 무슨 뜻인지 작은 목소리로 물었다. 그녀는 거의 들리지 않는 목소리로 "안먹은 안 먹는다는 거예요. 중먹은 저도 잘 모르겠어요. 주먹이라고 하는 줄⋯."이라고 옹알거렸다.

"우리 팀도 이제 다양한 요리를 먹어요. 팀장님 오늘은 탕수육 말고 칠리 중새우 어때요?"

부팀장은 여전히 날카로운 목소리로 팀장을 바라보고 말했다. 직원들의 눈알이 바쁘게 부팀장에게서 팀장으로 옮겨갔다. 팀장을 힐끔 보다가 시선이 맞닿으면, 직원은 모니터를 보는 척했다. 네이비 정장을 입은 직원들이 엄숙한 표정으로 그러고들 있으니, 어린 시절에 자주 봤던 잔돈을 확인하는 중국집 배달부가 떠올랐다.

심각한 표정으로 잔돈을 확인하는 중국집 배달부. 지금의 상황에 꼭 맞는 그럴듯한 생각이 들었다. 당사자가 아니라면, 그게 그렇게까지 심각한 표정으로 할 일인가라는 의문이 들 것이다. 하지만, 잔돈을 제대로 챙기지 못한 중국집 배달부가 겪을 임금 삭감과 주인으로부터의 모욕을 생각해 본다면, 그런 표정이 이해될 것이다. 당사자만 아는 진지함과 긴장감. 그것이 사무실에 가득했다.

그도 그럴 것이, 아침 회의에서 팀장과 부팀장은 새로운 프로젝트의 외주 업체 선정에 대해 날 선 논쟁을 벌였던 것이다. 여태껏 회의에서는 형식적으로라도 팀원들에게 의견을 물었지만, 이번 아침 회의에서 이 둘은 그 절차까지도 잊어버렸다. 상대의 말이 끝나기도 전에 "아니, 근데."를 소리치며 자신의 주장을 관철하려 했다. 회의실에서 나를 포함한 나머지 직원들은 숨소리까지 죽여가며 회의 자료만 보고 또 봤다.

결국 팀장이 일 제곱미터의 책상을 주먹으로 쿵쿵 쳤다. 그러자 조금도 지기 싫은 부팀장이 "내일 회의 때 처음부터 다시 이야기를 해요."라고 말하며 먼저 자리를 박차고 나갔다. 직원들은 어찌해야 하는지 몰라 팀장의 눈치만 봤고, 팀장은 손바닥으로 문을 가리키며 크게 흔드는 것으로 답을 대신했다. 직원들은 고개를 숙인 채 벌어진 문틈 사이로 겨우 몸을 빼내어 나갔고, 팀장은 회의실에서 한참을 있다가 엄한 표정으로 나왔다.

한없이 가라앉은 분위기를 자연스럽게 띄운 것이 부먹과 찍먹에 대한 논쟁이었다. 직원들은 더 이상 불편한 상황에서의 침묵을 느끼고 싶지 않았다. 그래서 그들은 누구도 불편해하지 않는 주제로 치열하게 다투며 논쟁을 즐겼다. 팀장 또한 기분이 풀렸는지 찍먹의 입장에서 꽤나 진지하게 논쟁에 참여했고, 그렇게 팀 분위기가 살아나고 있었다.

그런데, 부팀장이 부먹과 찍먹의 논쟁 자체를 아무런 의미도 없게 만드는 말을 한 것이다. 자리를 박차고 나가면서 처음부터 회의를 다시 하자고 말했을 때처럼, 그녀의 "저는 안먹! 저는 중먹!"으로 사무실이 차갑게 얼어붙었다. 팀장도 자연스럽게 분위기를 이어 나가려고 한 것이 뜻대로 안 되어 어그러진 표정이었다.

결정에 대한 번복은 팀장의 권위를 떨어트리는 동시에 부팀장의 입장을 강화할 것이다. 직원들은 모두 그것을 아는 듯했고, 그렇게 부팀장의 말에 의미를 부여하는 듯했다. 팀장도 이것을 인지하고 있을 것이기에, 나는 팀장의 반응이 궁금했다. 팀장은 천 년도 넘는 세월을 견뎌온 국보급 불상 같은 인자한 미소와 아취 있는 제스처로 부팀장을 바라보며 말했다.

"그럼, 나도 중먹해볼까? 오늘은 각자 메뉴 한 개에 중새우 특대로 먹읍시다."

아침부터 내내 굳어져 있던 부팀장의 얼굴이 스르륵 풀리기 시작했다. 거기에 맞춰서 직원들의 움츠린 어깨도 자연스럽게 내려갔다. 나도 드디어 한숨을 크게 내쉴 수 있었다. 역시 팀장은 팀장이구만. 부팀장도 보통이 아니고. 바스락하고 부서질 것 같았던 사무실 분위기가 다시 촉촉해졌다.

점심시간에 맞춰 배달 음식이 도착했고, 어린 시절에 봤었던 중국집 배달부의 심각한 표정은 전혀 볼 수 없었다. 옆자리의 신입 여사원이 법인 카드를 내밀었고, 배달부는 무표정하게 카드를 받아 기계에 꽂고 금액을 눌렀다. 노란 면발 위에 두툼하게 얹어진 짜장이 하얀 아지랑이를 먹음직스럽게 피어 올렸고, 테이블 한가운데 놓인 선명한 붉은색 중새우가 반짝이고 있었다.

나는 중새우를 하나 집고 입안에 밀어 넣었다. 바삭하면서도 촉촉한 튀김이 먼저 입에 들어갔고, 곧바로 앞니에서 씹히는 새우가 스스로 육즙을 터트리며 입안을 가득 채웠다. 그 순간 나는 큰 깨달음이 들었다. 아. 부먹과 찍먹이 문제가 아니구나. 부팀장은 팀장에 대한 반감으로 중먹을 말한 게 아니구나. 중먹이 진리이구나!

부먹과 찍먹이라는 반복되는 구호 속에 '왜 탕수육이어야만 하는가?'에 대한 의구심과 회의는 묻힌다. 나 역시도 신성한 부먹 찍먹의 토론장에서 '탕수육 안 먹고 중새우 먹겠다'는 생각도 못했다. 하지만, 이제 나는 완벽히 설득당했다. 나는 '중먹'이다.

'부먹'과 '찍먹'의 이분법적 세상이 전부인 줄 알았던 내가, '중먹'에 완전히 설득당했다.

만든 곳에 대해서 더 알고 싶으신 분은
인스타그램 @chaeryunbook으로
방문해 주세요.
책만듦이의 비하인드 스토리,
출판사에서 일어나는 일상 기록이
담겨있어요.

선을 넘지 않는 선한 대화법
## 선의 언어

1판 1쇄 펴낸날 2021년 7월 20일

지은이 손민호

책만듦이 김미정  책꾸밈이 이민현

펴낸곳 채륜  펴낸이 서채윤
신고 2007년 6월 25일(제2009-11호)
주소 서울시 광진구 자양로 214, 2층(구의동)
대표전화 1811.1488  팩스 02.6442.9442
E-mail book@chaeryun.com  Homepage www.chaeryun.com

책값은 뒤표지에 있습니다.
ISBN 979-11-90131-07-0 03190

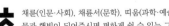 채륜(인문·사회), 채륜서(문학), 띠움(과학·예술)은 함께 자라는 나무입니다.
물과 햇빛이 되어주시면 편하게 쉴 수 있는 그늘을 만들어 드리겠습니다.